SCHMANKERLLAND ÖSTERREICH

60 kulinarische Ausflüge

W0214450

Eva Derndorfer · Angela Mörixbauer · Marlies Gruber

SCHMANKERLLAND ÖSTERREICH

60 kulinarische Ausflüge

pichler verlag

VORWORT

Wie Lebensmittel entstehen und wodurch sich Qualitäten unterscheiden, ist uns häufig fremd. Die Distanz der meisten Menschen zur Landwirtschaft und Lebensmittelherstellung ist mittlerweile sehr groß. Doch wo lässt sich darüber etwas lernen? Am besten direkt vor Ort! Dort, wo Rohstoffe und Herstellung im wahrsten Sinne des Wortes »begreifbar« sind – mitten im Betrieb oder in praxisbezogenen, anschaulichen Ausstellungen.

Wir haben »gläserne« Produktionen, Museen und Dauerausstellungen im Osten Österreichs recherchiert und präsentieren mit dem vorliegenden Buch die erste derartige Sammlung. Damit möchten wir Ihnen nicht nur ein Kompendium an sehenswerten Ausstellungen im kulinarischen Sektor bieten, sondern Ihnen auch vermitteln, was Sie an den einzelnen Standorten erwartet. Häufig lohnt es sich, zu ein- und demselben Produkt unterschiedliche Hersteller zu besuchen. Die Einblicke und Geschichten sind vielfältig! Fokussiert eine Stätte auf die Herkunft und Qualität der Rohstoffe, sind es bei einer anderen die Produktionswege, die im Mittelpunkt stehen. Faszinierend ist, wie sich in Summe ein rundes Bild ergibt. Oftmals sind ohnehin mehrere Ziele in einer Region angesiedelt. Mit nur kleinen Umwegen lassen sich so vielseitige Welten entdecken!

Spannend ist auch der Kontrast zwischen kleinen und großen Betrieben. Dabei sagt die verarbeitete Menge nichts über die Qualität des Schaubetriebes aus. Eine Produktion mit simplen, ursprünglichen Methoden ist ebenso beeindruckend zu besichtigen wie eine mit hochtechnologischen Prozessen. Allen porträtierten Betrieben gemeinsam sind das Engagement für Qualität, die Wertschätzung der Rohstoffe aus der Natur und das Bewusstsein für jeden wertschöpfenden Handgriff. Die Begeisterung ist ansteckend, spätestens bei der Verkostung!

In fast allen Betrieben und Ausstellungen gibt es Kostproben. Doch nicht überall wird die Degustation kommentiert. Unser Tipp: Kosten Sie mit allen Sinnen! Tasten Sie sich langsam heran. Was ist zu sehen? Welche Gerüche lassen sich erschnuppern?

Erfühlen Sie das Produkt im Mund und schlucken Sie es nicht sofort. Wie ist die Konsistenz? Wie verändern sich Geruch und Geschmack bei unterschiedlichen Temperaturen? Was bleibt nach dem Schlucken am Gaumen haften? Produktspezifische Verkostungstipps finden Sie in den einleitenden Kapiteln. Dort haben wir auch Anekdoten und kurze kulturgeschichtliche Abrisse zu den einzelnen Lebensmittelgruppen zusammengetragen. Sie sollen Gusto darauf machen, sich unserer Esskultur und den regionaltypischen Lebensmitteln zu nähern, ohne dabei die detaillierten Inhalte der Ausstellungen vorwegzunehmen.

Alle sechzig von uns vorgestellten Betriebe und »Schauen« haben wir im Jahr 2013 persönlich besucht. Jeder einzelne Standort war einen Ausflug wert! Es kann jedoch sein, dass seit unserem Besuch manches umgestaltet wurde. Aufgrund möglicher Änderungen haben wir bewusst auf die Angabe von Preisen, Öffnungszeiten etc. verzichtet. Auf der jeweiligen Website oder telefonisch lassen sich diese Informationen stets aktuell herausfinden.

Wir wünschen Ihnen spannende und unterhaltsame Ausflüge, kleine und große Aha-Erlebnisse, einen tieferen Einblick in die Produktion heimischer Lebensmittel und viele freudvolle Stunden beim Schmökern in diesem Buch!

Eva Derndorfer, Angela Mörixbauer und Marlies Gruber

Dank

Unser Dank gilt Susanne Rall für ihre tatkräftige Unterstützung beim Recherchieren und bei den Besichtigungen der Schaubetriebe, Andreas Baierl für die Hilfe bei der Fotoauswahl, allen, die uns bei der einen oder anderen Exkursion begleitet haben, sowie den Verantwortlichen in den Schaubetrieben und Museen für intensive Gespräche und ihre Zeit.

KULTUR UND KULINARIK – ZWEI, DIE SICH VERSTEHEN

Wussten Sie, dass manche Küchen zum immateriellen Weltkulturerbe ernannt wurden? Ja, in Frankreich sogar das Essen selbst dazu zählt? Warum wird Essen zum Kulturgut, das man offenbar schützen muss?

Speisen verändern sich ständig, sie sind anpassungsfähig, unterwerfen sich gesellschaftlicher Entwicklung, Moden und Trends, gehen mit der Zeit, sind aber auch beharrlich und behalten ihren Charakter. Das meiste Wissen und die eigenen Gewohnheiten rund ums Essen basieren auf lebendiger Tradition: Über die Produktion der Lebensmittel, die Zubereitung, die Auswahl und den Geschmack unseres Essens können wir zwar in Büchern lesen, aber erst im Erfahren mit allen Sinnen begreifen wir. Wer Erdäpfel, Paradeiser oder Salat pflanzt und erntet, wer ein Schlachthaus von innen kennt oder wer den Jahreszyklus von Weinreben mitverfolgt, hat zum jeweiligen Produkt einen anderen Bezug. Und wer nur einmal zugesehen hat, auch.

Irgendwo scheint hier am Weg etwas verloren zu gehen: Viele Kinder ahnen nicht mehr, dass Karotten unter der Erde wachsen, nur mehr ein Drittel einer Konsumententestgruppe erkennt in einer Blindverkostung ein frisches Erdbeerjoghurt, und egal ob es sich um Fischsuppe, Hascheeknödel, Schokolade, Essig oder Schnaps handelt – wer weiß wirklich im Detail, wie sie von Grund auf entstehen? Welche Rohstoffe braucht's? Welche Prozesse stecken dahinter? Und welchen Einfluss hat die Zeit auf die Qualität? Die Distanz zu dem, was uns nährt, lässt mitunter Unbehagen aufkommen. Oder eben Sehnsucht – Sehnsucht, zu verstehen. Dafür ist ein Blick hinter die Kulissen gefragt.

Essen – eine Kunst?

Was hat Essen mit Kunst zu tun? Essen ist beides: ein biologischer und ein kultureller Akt. Zum einen brauchen wir Lebensmittel schlicht als »Überlebensmittel«. Zum anderen steigert ein kultivierter Umgang deren Stellenwert. Essen spiegelt sich häufig in der Kunst wider. Lebensmittel bilden Hauptmotive in den Stillleben des 16. und 17. Jahrhunderts. Gleichzeitig dienten sie in Bildern als Requisiten für Markt-, Küchen- oder Tafelszenen. Dabei zeigen sie immer den gesellschaftlichen Status, geben die Kulisse, sind Symbole, etwa für Lust, Kraft, Macht, Reichtum, Reinheit oder Unschuld.

Doch Lebensmittel werden nicht nur abgebildet, sie bilden mitunter selbst das Kunstwerk. Das können an eine Wand fixierte Kartoffelpuffer sein oder Lady Gaga, die beim MTV Award 2010 ein Kleid aus rohem Rindfleisch trug. Diese Facette der kulinarischen Kunst bleibt in diesem Buch ausgespart. Sollten Sie Gusto bekommen haben, halten Sie Ausschau nach »Eat Art«.

»Essen ist die einzige Disziplin der Kunst, die absolut unbestechlich ist – eine versalzene Speise ist nun einmal ungenießbar.«
(Peter Kubelka)

Lebensmittel und Speisen können gewiss ein Kunstwerk sein. Optisch genauso wie geschmacklich. »Jeder, der kocht, ist zugleich ein bildender Künstler, Philosoph, Denker, aber auch Techniker, Ingenieur, Planer«, sagt Peter Kubelka, Österreichs wichtigster Avantgardefilmer und Kunstprofessor für Kochen.

Zuerst ist es die Form, die besticht – das Auge isst mit! Warum ist die Extrawurst rund und der Toastschinken quadratisch? Wieso sieht eine Breze aus, wie sie aussieht? Entwickelten sich die einen Formen aus historisch praktischen Gründen – etwa weil die Extrawurstscheibe besser in eine Semmel passt –, basieren andere auf der symbolischen Ebene. So steht die Breze für verschränkte Arme – ein Zeichen des Innehaltens – und war traditionell ein Fastenzeitgebäck. Kulinarische Ästhetik geht freilich über das Design von Produkten und deren Verpackungen hinaus: Wahre Kunstwerke entstehen oftmals erst durch das Arrangement am Teller! Und Küchenchefs lassen sich oftmals für neue kreative Kreationen von moderner Kunst animieren. Essen inspiriert Künstler, die Kunst den Koch – der Kreis schließt sich.

Ein wesentliches Kriterium in der Kulinarik ist genauso wie in der Kunst der Geschmack. Über den lässt sich bekanntlich nicht streiten. Er dient schließlich als individuell letztgültiges Instrument, um den Wert zu erkennen. Ob uns subjektiv etwas schmeckt, hängt davon ab, wie sehr wir unsere Sinne schärfen. Als sogenannte Nahsinne übernehmen dabei das Riechen und Schmecken die Hauptrolle. Sie bilden die wesentliche Orientierungshilfe. »Alle Sinne an!« macht aber auch Sinn. Ob etwas fest, knusprig oder weich und schmelzend ist, nehmen wir vor allem über das Hören und Fühlen wahr. Vom Sehen war ohnehin schon die Rede ...

Ob uns etwas schmeckt, ist obendrein eine Frage der Konzentration, der Zeit, der Umgebung, des Lichts, der Begleitung. Wer kennt das nicht: ein Urlaubsmitbringsel, das sich zu Hause ganz anders zeigt, als wir es in Erinnerung hatten, oder der Ouzo, der in der griechischen Taverne besser schmeckte als im heimischen Wohnzimmer.

Der Zubereitung auf der Spur

Rezepturen sind oftmals die am besten gehüteten Geheimnisse. Sowohl die Ingredienzien als auch das Know-how lassen aus Rohstoffen ein wertvolles Produkt entstehen. Und häufig machen Details den entscheidenden Unterschied: Nuancen bei der Herstellung im Betrieb oder der Zubereitung in der Küche, die bewusst oder unbewusst nicht erwähnt werden, schaffen eine Einzigartigkeit. Hat man als Kind zugesehen, wie die Großmutter Apfelstrudel gemacht hat, ist klar, warum sich manches sprichwörtlich zieht wie ein Strudelteig; durfte man Italienern beim Kochen von Pastagerichten über die Schulter blicken, weiß man, warum sie schmecken und Olivenöl und Zucker auch in Fertigsaucen nicht fehlen. Jemanden in den Kochtopf schauen lassen, heißt auch: Ich weihe dich ein!

Esskultur

Gemeinsame Mahlzeiten schaffen mehr, als nur satt zu machen – sie verbinden. Sie wirken vertrauensbildend, ändern das Zu- und Miteinander. Reden und Essen folgen schließlich einer Bewegung: jener des Mundes. Als besonders gelungene Mahlzeiten bleiben uns jene in Erinnerung, bei denen die Unterhaltung harmonierte – ebenso wie die Speisenfolge. Dass sich Genuss von Genosse ableitet, ist kein Zufall. Während gemeinsamer Mahlzeiten kann es also schon passieren, dass zwei zu Kumpeln (compain, compagno, von lat. panis, Brot) werden.

»Essen ist ein Bedürfnis, Genießen ist eine Kunst.«

– das wusste schon der Schriftsteller François de La Rochefoucauld. Doch welche Faktoren definieren Kunst? Eine Kunst wird nicht rein zufällig erfahren, sie fällt einem nicht einfach so »in den Schoß«. Eine Kunst zu erlernen geht schrittweise: einerseits die Theorie, andererseits die Praxis. Beides funktioniert nicht ohne Leidenschaft, Engagement und Neugier. Dabei ist es egal, ob es sich ums Malen, Kochen, Genießen, Leben oder Lieben handelt. Die Kunst des Genießens ist jedenfalls keine selbstverständliche Fähigkeit. Sie hat sehr viel mit Beobachten, Erfahren, Erkennen, Benennen und Experimentieren zu tun.

»Wie man sich nährt, so pflanzt man sich fort.«
(Honoré de Balzac)

Gesellschaften definieren sich nicht nur über ihre rechtlichen oder politischen Systeme, sondern auch über ihre Nationalgerichte oder ihre Essensordnungen, wenn man so will. Sie sind »Offenbarungen über Kulturen«, wie es Friedrich Nietzsche formulierte; sie stehen jedenfalls stellvertretend für das Savoir-vivre eines Landes. Und jeder Einzelne positioniert sich mehr oder weniger über das, was er isst. Kein Wunder, reflektiert es doch die Lebenssituation schlechthin – je nach Klima, Landschaft, Job, Familie, Freundeskreis, Zeitsouveränität, finanziellen Möglichkeiten oder Lebensmittelangebot.

Zurück zur Natur

Das Kulturelle geht aber über das Gemeinschaftsstiftende hinaus. Vom Barbarischen, vom unkultivierten Schlemmen und Fressen, kurz: von den Tieren oder gar von der Natur generell grenzen kultivierte Traditionen ab. Das Ende der Selbstversorgung, die Ausbildung der Tischsitten, das Servieren der einzelnen ästhetischen Speisenkompositionen sowie das Essen mit Messer und Gabel steigerten die Distanz zum Essen. Eine Frage der Hygiene ist das nicht. Eher ist es vielen peinlich, kein Besteck zu verwenden. Dass dennoch heute wieder mehr mit der Hand gegessen wird, lässt sich übrigens auf den »grasenden« Essstil zurückführen: nebenher, unterwegs, mal dort, mal da, unaufmerksam – satt werden als bloßer Nebeneffekt. Viele wollen ein Stück zurück zur Natur, weil das Kulturelle eben auch ein Stück entfremdet. Bewusste und lustvolle Auseinandersetzung schafft mehr Verständnis für die Wege vom Rohstoff zum Produkt und nebenher lernen wir das Essen wieder wertzuschätzen.

Auf kulinarischen Pfaden

Unsere Mittel zum Leben haben sich jedenfalls ein besonderes Augenmerk verdient. Kommen Sie mit auf eine kulinarische Reise und erkunden Sie selbst, warum nicht nur der Wein je nach Umgebung anders schmeckt, blicken Sie in die Kochtöpfe, lassen Sie sich die Landschaft und deren Produkte auf der Zunge zergehen und nehmen Sie etwas von Lukullus mit in Ihren Alltag!

WASSER – VON DER URSUPPE ZUM TRENDGETRÄNK

Keine andere Substanz hat so viele Dimensionen wie das Wasser: Es steht für das Leben schlechthin, erhält und reinigt – die Kraft des Wassers kann aber auch zerstören. Wasser symbolisiert die spirituelle Verbindung zwischen Himmel und Erde, war von Anfang an da. Ob in der Bibel oder im Koran – einmal heißt es zu Beginn: »... und der Geist schwebte über dem Wasser«, das andere Mal: »Wir machten aus dem Wasser alles Lebendige«.

In der griechischen Mythologie sind Nymphen personifizierte Naturkräfte, niedere Göttinnen und wohlwollende Geister, die nahezu unsterblich sind. Sie leben u. a. bei Grotten, Quellen, Gewässern. Sterben sie, versiegt auch der Ort ihres Daseins. Ihre Symbolik umfasst vor allem Fruchtbarkeit und Sexualität. Nixen sind dagegen die Wassergeister in der mittel- und nordeuropäischen Mythologie. Neben der Ableitung vom althochdeutschen nihhus, niccus oder nichessa ist es auch möglich, dass »Nixe« von lateinisch necare (= töten) abstammt. In der Mythologie werden Nixen häufig in diesem Zusammenhang gesehen: Sie bringen Tod und Verderben – sei es der Gesang der Sirenen in Homers Odyssee oder jener der Loreley, der die Rheinschiffe in die Tiefe zog. Doch ebenso wird ihnen eine erotische Komponente zugeschrieben und das widerspricht sich ganz und gar nicht. Ist doch immer alles im Fluss: Liebe und Tod, Werden und Vergehen, Fruchtbarkeit und Entstehen – sich endlos wiederholende und einander bedingende Prinzipien.

Wasser ist das grundlegende und dominierende Element. Selbst aus naturwissenschaftlicher Sicht entwickelte sich das Leben vor vier Milliarden Jahren aus der Ursuppe, die aus heißem Wasser und einfachen Molekülen wie Methan oder Ammoniak aus der Uratmosphäre bestand. Wundert es da noch, dass sowohl die Erdoberfläche als auch der Mensch zu 70 Prozent aus Wasser bestehen?

Die Trilogie des Wassers

Auf der »formalen« Ebene zeichnet sich Wasser durch seine drei Aggregatzustände aus – flüssig, fest und gasförmig. Dieser Umstand ist zweifach interessant: erstens gibt es kein anderes Element auf der Erde, das in dieser Trilogie vorliegt. Zweitens ist bislang kein anderer Planet mit einem so großen Wasservorkommen, noch dazu in den drei Aggregatzuständen, bekannt. Und die

Menge ist beachtlich: geschätzte 1,4 Milliarden Kubikkilometer! Knapp 97 Prozent davon füllen als Salzwasser Ozeane und Meere. Die verbleibenden 3 Prozent Süßwasser sind vornehmlich als Eis in den Polkappen und in Gletschern gebunden. Nur 1 Prozent der gesamten Wassermenge machen Grundwasser, Seen, Sümpfe und Flüsse aus.

»Was wir wissen, ist ein Tropfen;
was wir nicht wissen, ein Ozean.«
(Sir Isaac Newton)

Dass sich Wasser aus zwei Teilen Wasserstoff und einem Teil Sauerstoff zusammensetzt, ist eine vergleichsweise neue Erkenntnis: 1805 publizierten Joseph Gay-Lussac und Alexander von Humboldt diese – ihre – Entdeckung. Die sicherlich bekannteste chemische Formel H_2O war geboren. Zur Herkunft der großen Wassermengen gibt es derzeit zwei anerkannte Theorien: Wasser könnte zum einen ein Bestandteil der Urgaswolke gewesen sein, aus der die Erde entstand. Zum anderen könnte sich die Menge durch Einschläge eishaltiger Kometen angesammelt haben. Einen Hinweis darauf lieferte erst 1999 ein Komet, bei dessen Zerfall Wasser festgestellt wurde, das jenem auf der Erde ähnlich war.

Ist Wasser gleich Wasser?

Rund um die Eigenschaften des Wassers ranken sich zahlreiche Mythen. So ist wissenschaftlich nicht belegt, dass Wasser »ein Gedächtnis« hat und Informationen speichern kann. Oder dass es spezielle Schwingungen aufnehmen und wieder abgeben kann. Oder dass mit Sauerstoff angereichertes Wasser einen zusätzlichen gesundheitlichen Nutzen hätte. Auch für die Wirkung des Grander-Wassers fehlen wissenschaftliche Belege. Das Oberlandesgericht Wien entschied 2006 sogar, dass es als »esoterischer Unfug« bezeichnet werden darf.

Im Österreichischen Lebensmittelbuch werden alle gesetzlichen Details zum Trinkwasser und zu »Abgefüllten Wässern« im Codexkapitel B1 bzw. B 17 und der Trinkwasserverordnung geregelt.

Die Wässer unterscheiden sich nach mehreren Kriterien

Trinkwasser: Öffentlich zugänglich, stammt aus Grundwasser, Oberflächenwasser oder Niederschlagswasser; ist im Allgemeinen nieder mineralisiert.

Tafelwasser: Aus natürlichem Mineralwasser oder Trinkwasser unter Verwendung von Zutaten (z. B. Natrium-, Calcium- oder Magnesiumsalze); muss nicht in unmittelbarer Nähe vom Quellort abgefüllt werden; darf nicht mehr als 2 g/l Mineralstoffe enthalten.

Quellwasser: Aus einem unterirdischen Wasservorkommen, aus natürlich oder künstlich erschlossenen Quellen; außer Kohlendioxid dürfen keine Substanzen zugesetzt werden; muss in unmittelbarer Nähe des Quellortes in Flaschen abgefüllt werden; weist eine sehr niedrige Mineralisation im Vergleich zu Mineralwasser auf.

Natürliches Mineralwasser: Aus einem unterirdischen, vor jeder Verunreinigung geschützten Wasservorkommen; aus natürlichen oder künstlichen Quellen annähernd gleicher Charakteristik. Zusatz von Kohlendioxid ist erlaubt. Unbeständige Inhaltsstoffe dürfen entfernt werden. Muss in unmittelbarer Nähe des Quellortes in Flaschen abgefüllt werden. Mineralstoffgehalt soll zwischen 1 und 6,5 g/l liegen.

Geschmack des Wassers

Warum schmeckt Wasser durchaus unterschiedlich? Das liegt einerseits an der Temperatur, andererseits an den gelösten Inhaltsstoffen und natürlich immer auch an der subjektiven Bewertung und der Aufmachung. Kühles Wasser schmeckt erfrischend, lauwarmes eher fad. Wasser-Sommeliers empfehlen, Wasser bei circa 11 °C zu trinken. Ist es zu kalt, leidet die Geschmackswahrnehmung.

Die im Trinkwasser gelösten Ionen und die Kohlensäure weisen unterschiedliche Geschmacksqualitäten auf. Der Informationszentrale Deutsches Mineralwasser zufolge schmeckt natrium- und chloridreiches Wasser leicht salzig, sulfatreiches Wasser leicht süßlich bis bitter und magnesiumreiches Wasser »zart würzig«. Kohlendioxid oder Sauerstoff machen das Wasser frischer und prickelnder. Kalzium und Magnesium sind für die Härte des Wassers verantwortlich. Bestellte man vor zwanzig Jahren Wasser in der Gastronomie, brachte der Kellner ohne weiteres Nachfragen Wasser, meistens kohlensäurehaltiges Mineralwasser. Heute ist die Frage nach still, mild oder prickelnd nicht nur in Top-Restaurants, sondern auch im »Beisl ums Eck« gang und gäbe. Die Auswahl an unterschiedlichen Mineralwässern wächst dort und da sogar zu eigenen Wasserkarten. Je nach Ausprägung empfehlen Wasser-Sommeliers einzelne Mineralwässer mittlerweile auch zu bestimmten Weinen oder Speisen. So soll ein »sehr wenig mineralisches, neutrales Wasser mit einem leicht herben Unterton« besonders zu tanninhaltigen Rotweinen oder Salaten passen und ein Wasser mit »ausgewogener Mineralität, ganz leichter und gut eingebundener Kohlensäure sowie einem Hauch von Süße« bestens mit säurebetonten Weinen wie Riesling und Sauvignon Blanc, Kaffee, Gänseleber oder Süßspeisen harmonieren. Selbstverständlich kann Wasser als Neutralisator bei scharfen oder sehr würzigen Gerichten dienen, damit die Zunge wieder frei ist für neue Geschmackseindrücke.

VERKOSTUNGSTIPPS FÜR WASSER

- **Wasser sollte an einem kühlen und trockenen Ort aufbewahrt werden – frei von Fremdgerüchen und vor Sonnenlicht geschützt.**

- **Will man den Geschmack des Wassers bewusst wahrnehmen, verzichtet man besser auf Eiswürfel. Sie sind meistens aus Leitungswasser gemacht und verzerren beim Schmelzen den Geschmack des Wassers.**

- **Das Wasserglas muss frei von Fremdgerüchen sein.**

- **Ohne Zitrone: Sie würde die feinen Geschmacksrichtungen des Wassers überlagern.**

Steiermark

1 MUSEUM HOCHQUELLENWASSER

Interaktiv ✓
Führungen ✓
Verkostung/Kostprobe ✓
Shop ✓

Säusenbach 14 • 8924 Wildalpen
T: +43 (0) 36 36/451-31 8 71
M: museum.wal@ma31.wien.gv.at
W: www.wien.gv.at/wienwasser/bildung/wildalpen/

Wer etwas über Leitungswasser in Österreich erfahren möchte, ist hier genau am richtigen Platz. Das Museum ist auf dem neuesten technischen Stand und abgesehen von sehr anschaulich gestalteten Schautafeln und Ausstellungsstücken laden in jedem Raum Computerschirme ein, die interaktiv und spielerisch Informationen über Wasser anbieten. Der virtuelle Begleiter dabei ist die lustige Figur »Molekül H_2O«.

Im Eingangsbereich werden die Besucher ins Thema eingeführt. Künstlerische Ausstellungsstücke interpretieren Wasser auf unterschiedlichste Weise. Dann geht es durch ein nachgebautes Stollenprofil, das auch akustisch die Bedingungen im Inneren der Hochquellenleitung wiedergibt, bevor man zum 3D-Kino kommt.

Nach ein paar Schritten durchs Freie, wo zu einer 45-minütigen Wanderung auf dem Themenweg »Wald – Wasser« eingeladen wird, gelangt man in die eigentlichen Schauräume. Da geht es um Quellenarten, das Gebiet des Hochschwabs und dessen geologische Besonderheiten. Im nächsten Raum stehen das Thema Wasserqualität und verschiedene Bestimmungsmethoden aus älterer und neuer Zeit im Mittelpunkt. Im dritten Raum schließlich wird dargestellt, wie das Wasser heute von der Quelle bis in die Wiener Wohnungen gelangt. Stollen, Aquädukte und deren Instandhaltungsmaßnahmen werden illustriert. Einen Raum weiter und man befindet sich in der Vergangenheit. Hier können die Anfänge und der Bau der zweiten Wiener Hochquellwasserleitung anschaulich nachvollzogen werden. Im letzten Raum kann man es sich dann an zwei Computertischen bequem machen und die Informationen über Interaktiv-Stationen selbst noch einmal abrufen.

Ab einer Gruppengröße von zehn Personen ist es übrigens möglich, die Kläfferquelle, eine der größten Trinkwasserquellen Europas, zu besichtigen. Sie entspringt 14 km entfernt und ist über einen rund 90 m langen Zugangsstollen zu erreichen.

FAZIT

Ein Museum, das alle technischen Stückerln spielt und didaktisch hervorragend gestaltet wurde. Durch den Einsatz unterschiedlichster Medien werden alle Sinne angesprochen und aufgrund der unterschiedlichen Präsentationsformen ist es auch für Kinder bestens geeignet.

Niederösterreich

2 VÖSLAUER MINERALWASSER AG

Führungen ✓

Verkostung/Kostprobe ✓

Gastronomie: nur im Sommer im Thermalbad ✓

Paitzriegelgasse 2
2540 Bad Vöslau
T: +43 (0) 22 52/401-0
M: fuehrungen@voeslauer.at
W: www.voeslauer.com

Die Quellen in Bad Vöslau liefern Wasser zum Trinken und zum Baden in der 100-jährigen Therme. Von den sieben Quellen liegen zwei direkt am Standort der Firma Vöslauer. Dort kann die gesamte »Produktionskette« vom Quellenursprung über die PET-Flaschenproduktion aus Vorflaschenformen (sogenannten Preforms) bis zur Abfüllung, Etikettierung, Verpackung und Lagerung verfolgt werden.

In den riesigen Hallen der Firma Vöslauer ist der Prozess zum Teil unmittelbar an den Maschinen zu beobachten, zum Teil sieht man aus der Vogelperspektive zu.

Aus welcher Tiefe wird das Mineralwasser gewonnen? Fragen dieser Art werden kompetent und detailliert in der einstündigen Führung beantwortet. Ein kurzer Film gibt außerdem einen ersten Einblick in die Wasserwelt vor Ort. In der Sommersaison gibt es die Möglichkeit, zusätzlich zur Vöslauer-Betriebsführung an einer Führung im Thermalbad teilzunehmen.

FAZIT

Sehr kompetent und freundlich! Eine Führung in der Firma Vöslauer ist etwas für Leute, die einen Einblick in die Produktion, Abfüllung und Verpackung erhalten wollen. Auch Einzelpersonen können Führungen über das Onlineanmeldesystem auf der Vöslauer-Webseite buchen.

Führungen ✓
Verkostung/Kostprobe ✓
Shop ✓

3 WASSERLEITUNGS-MUSEUM KAISERBRUNN

Kaiserbrunn 53 • 2651 Reichenau an der Rax
T: +43 (0) 26 66/52 5 48
M: museum.kbr@ma31.wien.gv.at
W: www.wien.gv.at/wienwasser/bildung/wasserleitungsmuseum/

Leitungswasser ist heute für uns völlig selbstverständlich. Dass das auch in Österreich nicht immer so war, wird im Wasserleitungsmuseum in Reichenau an der Rax verdeutlicht.

Ein historischer Abriss zu Wasser und Wasserleitungen geht bis zu den Römern zurück, streift das Mittelalter und reicht bis zum kaiserlichen Hof. Zu Zeiten Maria Theresias (1717–1780) brachten Wasserreiter (!) das frische Hochquellwasser 90 km an den Hof nach Wien. Mit Kaiser Franz Joseph (1830–1916) kam auch die Wiener Bevölkerung in den Genuss dieses Wassers, mit der Folge, dass Krankheiten und Seuchen blitzartig eingedämmt waren.

Die Hauptattraktion des Wasserleitungsmuseums ist das »Wasserschloss«: Hier ist zu sehen, wie das kristallklare Wasser aus dem Berg in die Leitung nach Wien kommt. Ein Film zeigt den heutigen Wasserleitungsbau und den Erhalt derselben. Zudem sind nachgebaute Wasserstollen zu besichtigen, die einen Einblick in das Berufsleben eines Stollenarbeiters geben.

FAZIT

Dieses Museum ist faszinierender als vielleicht erwartet. Eine Sammlung von Wissenswertem, kombiniert mit eindrucksvollen Einblicken in den Ursprung des Wassers für Wien.

BIER: VON GERMANEN, MÖNCHEN UND RADLERN

Wissen Sie, wer als Erster wissenschaftlich mit Bier experimentiert hat? Aristoteles von Stageira etwa 300 v. Chr. in Griechenland. Und wissen Sie, zu welcher – durchaus praxisrelevanten – Erkenntnis er gekommen ist?

»Bier besitzt die Eigentümlichkeit, den, der zu viel getrunken hat, nach rückwärts fallen zu lassen, während allzu reichlicher Weingenuss ein Niederstürzen nach allen Seiten verursacht.«

Bier im Louvre

Doch die Geschichte des Gerstenbräus beginnt schon wesentlich früher. Nämlich rund 5000 v. Chr. im Zweistromland Mesopotamien. Die Sumerer bauten Gerste und Emmer an und entwickelten daraus die erste Bierhochkultur. So stammt auch die erste bekannte schriftliche Veröffentlichung über Bier aus dieser Zeit. Auf dem sogenannten »Monument bleu« – Tontäfelchen mit Keilschrift, die von einem gewissen Herrn Blau gefunden wurden und heute im Pariser Louvre ausgestellt sind – wird erstmals das Brauverfahren beschrieben: aus eingeweichten Brotfladen.

Der nächste schriftliche Beleg über Bier stammt aus einer der ältesten Gesetzessammlungen der Welt, dem Codex Hammurabi. Auf einer zwei Meter hohen Dioritsäule sind 282 Paragrafen in Keilschrift eingemeißelt. Einer davon besagt, dass babylonische Provinzverwalter und Hohepriester Anrecht auf rund fünf Liter Bier pro Tag hatten, den Hofdamen des Königs standen immerhin noch drei Liter zu. Und obwohl das Reinheitsgebot den Bayern zugeschrieben wird, weist bereits besagter Codex darauf hin: »Bierpanscher werden in ihren Fässern ertränkt oder so lange mit Bier vollgegossen, bis sie ersticken.« Reichlich brutal.

Germanen kannten noch kein Reinheitsgebot

Dass Bier durchaus den Ausgang mancher kriegerischer Auseinandersetzungen beeinflusst haben könnte, darauf lassen Aufzeichnungen des römischen Geschichtsschreibers Tacitus schließen. Er berichtet von den Germanen, dass sie sowohl Met als auch Bier kannten und »Tag und Nacht zechten, und man könnte sie ebenso gut durch die Lieferung berauschender Getränke überwinden wie durch Waffengewalt«.

»Auch Wasser wird zum edlen Tropfen,
mischt man es mit Malz und Hopfen!«
(Wilhelm Busch)

Zu dieser Zeit würzten die Germanen allerdings noch weit vom Reinheitsgebot entfernt, denn sie würzten ihr Bier mit allerlei Zutaten. Etwa mit Eichenrinde, Eschenlaub, Pilzen, Koriander, Beeren und wahrscheinlich mit noch manch anderen Beigaben. Warum? Nun, das hatte vornehmlich zwei Gründe: erstens zur geschmacklichen Verbesserung der damaligen Biere und zweitens – und das mag wohl der wesentlichere Grund gewesen sein –, um es haltbarer zu machen. Damals wurde Bier nach einigen Tagen sauer und damit ungenießbar. Der erste wichtige Schritt zur Haltbarmachung war, als die Germanen begannen, die Würze – also das Bier vor der Gärung – zu kochen. Dadurch töteten sie einen Großteil der vorhandenen unerwünschten Keime ab und Bier hielt sich länger. Ein Inhaltsstoff des Bieres, der übrigens großen Einfluss auf seine Haltbarkeit hat und auf den später auch Hildegard von Bingen hinwies, ist Hopfen: Einige seiner Bitterstoffe wirken keimtötend.

Den Mönchen sei Dank!

Den Siegeszug des Bieres verdanken wir allerdings den – gar nicht so asketischen – Mönchen. Die Kirche hatte im frühen Mittelalter starkes Interesse an Bier, denn man erkannte bald, dass stark gebrautes Bier in der Fastenzeit den kargen Speiseplan durchaus nahrhaft ergänzte. Die älteste noch heute tätige Brauerei ist übrigens die Klosterbrauerei des Benediktinerklosters Weihenstephan bei Freising in Bayern. Seit dem 9. Jahrhundert wird dort Bier gebraut und seit 1146 auch ausgeschenkt.

Der Name »Bockbier« stammt übrigens aus jener Zeit, als Bier zum deutschen Exportartikel wurde und bis nach Jerusalem und gar Ostindien verschifft wurde. Damit es die lange Reise gut überstand, wurde es besonders stark eingebraut. Die bekannteste Brauerei dieses Starkbieres stand damals im norddeutschen Einbeck. Bald fanden auch die Bayern Gefallen an dieser Art von Bier und begannen selbst Bier der »Ainpöckschen Art« zu brauen. Und eben das kennen wir heute noch als »Bockbier«. Das alkoholhältigste Bier der Welt kommt seit Oktober 2013 von der schottischen Brauerei »Brewmeister« und hat einen Alkoholgehalt von 67,5 Prozent!

Reinheitsgebot und Reinzuchthefe

Aber nun zum Reinheitsgebot. Am 23. April 1516 wurde dieses am Landesstädtetag in Ingolstadt von Landadel und Ritterschaft beschlossen. Man hoffte, damit die Qualität des Produktes zu heben, und belegte Verstöße dagegen mit saftigen Strafen. Zur Herstellung für das »flüssige Brot« durfte demnach nichts anderes als Malz aus Gerste und Weizen, Wasser, Hopfen und Hefe verwendet werden. Das gilt ausschließlich in Deutschland bis heute und ist übrigens die älteste noch gültige lebensmittelrechtliche Vorschrift der Welt.

1883 gelang dem dänischen Chemiker Hansen in den Laboratorien der Carlsberg-Brauerei die letzte bahnbrechende Entdeckung, wohl die wichtigste für den Geschmack von Bier: Er züchtete die erste Reinzuchthefe der Welt. Seit damals sind Bierbrauer in der Lage, immer dieselbe Heferasse zur Herstellung eines Bieres einzusetzen.

Bier gehört zur europäischen Kultur

»Das Schönste an der ganzen Opernsingerei ist die Freude auf das Bier danach!«, soll der berühmte Wagner-Tenor Leo Slezak gesagt haben. Dass er damit nicht allein war – mit dem Biertrinken, nicht mit dem Singen –, zeigen Daten aus dem aktuellen Österreichischen Bierkulturbericht. Demnach meinen 92 Prozent der Österreicher, dass Bier für die heimische Kultur wichtig ist. Entsprechend schlägt sich das auch im Konsum nieder. Mit rund 106 Litern pro Jahr ist und bleibt Bier das Nationalgetränk der Österreicher. Doch wie im Fußball sind uns unsere deutschen Nachbarn auch hier überlegen: Sie bringen es auf durchschnittlich 110 Liter jährlich. Lediglich die Tschechen toppen das mit sage und schreibe fast 160 Litern jedes Jahr noch.

Bier wird weiblicher

Immer öfter greifen auch Frauen zum Bier. Das Image von Bier hat sich in den letzten Jahren vom reinen Männergetränk zur Spezialität gewandelt, die immer häufiger auch von Frauen genossen wird. Besonders alkoholfreie Biere, regionale Spezialitätenbiere und Biermischgetränke wie Radler steigen in der Gunst der Konsumentinnen.

Ach ja, der Radler. Wenn er auch heute eher ein Frauengetränk ist, so wurde er ursprünglich doch für Männer gebraut. Für Soldaten. Denn unter der Bezeichnung »Shandy« wurde der Radler im 19. Jahrhundert als bierhaltiges Erfrischungsgetränk für britische Truppen erfunden. Viel Biergeschmack und wenig Limonadencharakter wünschten sich die Konsumenten, wenig Alkohol und viel Erfrischung die für die Soldaten Verantwortlichen. Beides ließ sich mit Limettensaft vereinbaren. Denn im Unterschied zum Zitronensaft ist Limettensaft nicht nur sauer, sondern auch adstringierend.

VERKOSTUNGSTIPPS FÜR BIER

- **Biergläser vor dem Verkosten unbedingt mit Wasser spülen, da Reste von Geschirrspülmittel die Oberflächenspannung von Wasser verändern und in der Folge die Bierkrone zerstören.**
- **Bier ist licht- und temperaturempfindlich und soll daher kühl und dunkel gelagert werden. Grund ist u. a., dass durch UVA-Strahlung Hopfeninhaltsstoffe reagieren und sogenannter »Lichtgeschmack« entsteht.**
- **Wer sich intensiver mit Bier-Sensorik beschäftigen möchte, findet – ähnlich wie beim Wein – Bier-Aromaräder mit entsprechendem Vokabular zur Beschreibung von Bier.**
- **Es gibt auch einen österreichischen Bier-Aromafächer mit Kombinationsempfehlungen für Speisen plus Bier.**

Niederösterreich

Führungen ✓

4 ERSTES ÖSTERREICHISCHES BIERMUSEUM

In der Burg
2136 Laa an der Thaya
T: +43 (0) 25 22/85 1 42 (Dir. Franz Gruber)
+43 (0) 22 52/25 01–29 (Stadtgemeinde Laa)
M: laa@nanet.at
W: www.laa.at

Die erste eigene Produktionsstätte für Bier mit einem eigenen Braumeister ist in Laa 1436 nachgewiesen. Eine aus 1627 erhaltene Abschrift bezeugt, dass der damalige Landesherr, Ladislaus Posthumus, den Laaer Bürgern bereits 1454 die öffentliche Ausschank und den Vertrieb des Gerstensaftes erlaubte. Bis heute wird dort im familienbetriebenen »Hubertus Bräu« Bier gebraut.

Das in der alten Laaer Burg untergebrachte Biermuseum hat seine Wurzeln im ortseigenen Heimatmuseum, das bis zum Zweiten Weltkrieg existierte. Erst 1971 begann man mit der gezielten Sammlung diverser Ausstellungsstücke rund ums Brauen, die heute in drei großen Räumen in der Burg untergebracht sind.

Der erste Schauraum ist schwerpunktmäßig der Geschichte gewidmet. Wer weiß schon, dass Bierbrauer auf acht Heilige als Schutzpatrone zählen können? Umfangreiche Schautafeln erzählen die Geschichte des Bieres von den Sumerern bis zur Gegenwart. Illustriert durch alte Flaschenabfüllanlagen, die erwähnte Urkunde aus 1454 oder eine – noch gefüllte (!) – Bierflasche aus der Jahrhundertwende.

Im zweiten Raum geht's um den Brauprozess. Alte Malzschaufeln, eine funktionierende Rüttelmaschine, ein Verschneidbock aus früheren Zeiten und Schautafeln zum Ablauf der Biererzeugung heute und früher lassen die Vergangenheit lebendig werden.

Der dritte Raum schließlich beherbergt unzählige Bierflaschen und Emailwerbeschilder. Als Kuriosum eine Flasche »Hubertus Weihnachtsbock«, deren Etikett sogar mit Druckfehler vertrieben wurde – das »h« der Weihnacht ist hier abhandengekommen. Aber, wie sagen die Laaer so schön: »Ist der Bock auch ohne ›h‹, das beste Bier kommt doch aus Laa.« Für Schmunzeln sorgen alte Bierdeckel mit teilweise sehr illlustren Bildern und Sprüchen oder Werbeplakate aus den 1960er-Jahren.

FAZIT

Die engagierte und humorvolle Führung durch den »Vater« des Braumuseums ist ein Erlebnis und die alten Sujets auf Bierdeckeln und Plakaten sind sehenswert.

Niederösterreich

5 BRUCKNERS BIERWELT

Grubberg 4a • 3292 Gaming
T: +43 (0) 74 85/98 5 99
M: office@bruckners-bierwelt.at
W: www.erzbräu.at

Interaktiv ✓
Führungen ✓
Verkostung/Kostprobe ✓
Shop ✓
Gastronomie ✓

Bruckners Bierwelt bzw. Bruckners ErzBräu befindet sich im niederösterreichischen Mostviertel. Genauer gesagt am Grubberg im Erlauftal in der Nähe von Mariazell auf 725 m Seehöhe. Damit ist es eine der höchstgelegenen Brauereien in Österreich. Die Brauerei ist klein, aber fein und die Bruckners legen Wert auf Nachhaltigkeit. Das Brauwasser stammt direkt aus einer Quelle vom Grubberg, geheizt wird klimaneutral mit einer Hackschnitzelanlage, die biologische Kläranlage liegt direkt am Grubberg und derzeit wird eine Fotovoltaikanlage als Gemeinschaftsprojekt auf dem Betriebsgelände geplant.

Die Führung beginnt im kleinen Kino. Am Eingang wird als Kostprobe bereits der erste Pfiff Bier angeboten. Die charmante und kompetente Führerin erklärt die Kostprobe und startet dann den Film, der die vom Erzberg geprägte Familiengeschichte erzählt und über die Entwicklung der Brauerei informiert.

Im Anschluss beschreibt die Führerin, quasi die »rechte Hand« des Braumeisters, den Brauprozess, lässt uns an Getreideproben riechen und lotst uns dann in die Brauerei und Brennerei. Wir erfahren den Ablauf des Bierbrauens, und dann geht es weiter in den Raum, wo die großen Gärtanks stehen. Über eine kleine Leiter kann jeder selbst einen Blick in den Kessel werfen.

Zum Abschluss kommen wir in den Shop. Hier werden nicht nur zwei weitere Biersorten nach Wahl verkostet, sondern auch »biergestachelt« – ein alter Schmiedebrauch an der Eisenstraße. Was es damit auf sich hat, wollen wir aber nicht vorwegnehmen – nur so viel: Lassen Sie sich überraschen!

FAZIT

Eine kleine, aber feine Brauerei. Die Führung läuft sehr persönlich und kompetent ab, es ist genügend Zeit für Fragen. Wer dabei Lust auf eine intensivere Auseinandersetzung mit dem Bierbrauen bekommen hat, für den gibt es die Möglichkeit, einen ganzen Tag mit dem Braumeister zu verbringen!

Wien

6 OTTAKRINGER BRAUEREI

- Führungen ✓
- Verkostung/Kostprobe ✓
- Shop ✓

Ottakringer Straße 95 • 1160 Wien
T: +43 (0) 1/49 1 00-29 04
M: michael.neureiter@ottakringer.at
W: www.ottakringer.at

Die Brauerei wurde bereits 1837 gegründet. Damals war Ottakring ein eigenständiges Dorf mit 150 Häusern, von denen 102 eine Schankberechtigung hatten.

Heute werden in der Ottakringer Brauerei 61 Millionen Liter Bier pro Jahr gebraut. Und das mit Regionalitätscharakter, denn das Wasser stammt aus einem hauseigenen Brunnen. Malz wird nicht im 16. Wiener Bezirk hergestellt, sondern zugekauft, aber im Hause Ottakringer geschrotet. Der Hopfen kommt aus Niederösterreich und Tschechien.

Malz – das ist Getreide, das zum Keimen gebracht und anschließend gedarrt wird – gibt es in unterschiedlichen Ausführungen. Hellere und dunklere Malze werden demnach auch im Zuge der Führung gezeigt. Was ist die Stammwürze, was ein »Drahdiwaberl«? Woher kommt die Bezeichnung Märzenbier? Wer eine Führung besucht, kennt die Antworten.

Die gesamte Bierproduktion wird bei Ottakringer veranschaulicht. Auch wenn viele Schritte in geschlossenen Kesseln passieren, so weiß man am Ende doch sehr gut, wie Bier entsteht. Von einem Schauraum aus kann man durch ein Fenster bei der Abfüllung in Dosen zusehen. Am Ende gibt es Bier und Brezen zur Verkostung.

Früher wurde Bier übrigens in Eichenfässern gelagert – derartige Fässer sind im hauseigenen Fassmuseum zu sehen.

FAZIT

Interessante Details werden hier vermittelt. Bei der Führung wird auf die jeweilige Gruppenzusammensetzung eingegangen. Auch für Schulklassen empfehlenswert!

Niederösterreich

7 ZWETTLERS BRAUWELT

Syrnauer Straße 22–25 • 3910 Zwettl
T: +43 (0) 28 22/500-0
M: info@zwettler.at
W: www.zwettler.at

- Interaktiv ✓
- Führungen ✓
- Verkostung/Kostprobe ✓
- Shop ✓
- Gastronomie ✓

Die Geschichte der Privatbrauerei Zwettl, die sich seit 1890 im Besitz der Familie Schwarz befindet, lässt sich bis ins Jahr 1708 zurückverfolgen. Heute erzeugen hier rund hundert Mitarbeiter etwa 190.000 Hektoliter Bier pro Jahr. Dementsprechend groß sind auch die Dimensionen dieser Brauerei.

Die Führung startet in der riesigen Lagerhalle mit dem ersten Film. Dann geht es weiter ins Sudhaus. In einem neu gestalteten Präsentationsraum schildern Videos den Ablauf des Brauvorgangs beginnend bei Schroten und Maischen. Über den Läuterbottich und die Würzpfanne geht der Weg des Bieres dann in einen »Whirlpool«, bis es nach dem Abkühlen schließlich in Reifeanlagen rasten darf. Der verwendete Hopfen stammt übrigens fast zur Gänze aus dem Waldviertel – die Eigentümer der Brauerei haben den Hopfenanbau dort Ende der 1980er-Jahre in Zusammenarbeit mit den regionalen Bauern wieder eingeführt.

Unser Weg führt – an den riesigen Außentanks vorbei – weiter in einen Gang, an dem die Familiengeschichte präsentiert wird. Dies ist der Eingang zur »Bierkanzel«, die den Blick auf die Produktionshalle und das Geschehen dort freigibt. Einer der Besucherlieblinge in der Halle ist »Blacky«, ein Fassroboter, der sogar mit den Besuchern redet. Ein 3D-Film veranschaulicht die Abläufe in der Flaschenabfüllanlage und gibt Infos zu den verwendeten Rohstoffen.

In der Zwettler Brauerei wird Nachhaltigkeit groß geschrieben. Nicht nur, dass ein Großteil der Bierzutaten aus der Region stammt, nach dem kürzlich erfolgten Um- und Neubau wird u. a. die Fußbodenheizung mit dem Abwasser aus der Flaschenwaschanlage betrieben und das Kühlwasser wird direkt aus dem angrenzenden Bach entnommen.

Den Abschluss bildet die Verkostung von zwei Fassbiersorten nach Wahl in der gemütlichen Zwickl-Stube. Im angrenzenden Shop finden Bierinteressierte zahlreiche Artikel rund ums Thema Bier.

FAZIT

Die Besucher erhalten in der rund zweistündigen Führung einen transparenten und detaillierten Blick hinter die Kulissen der viertgrößten Privatbrauerei Österreichs, die nach einem Umbau 2013 technisch auf dem neuesten Stand ist.

MOST UND WEIN: VERGORENES OBST

In Süddeutschland, der Schweiz und Österreich steht »Most« für Apfel- bzw. Obstwein. So bedeutet auch der lateinische Wortstamm vinum mustum so viel wie »junger Wein«. Üblicherweise werden für die Mostproduktion vor allem Apfel- und Birnensorten verwendet, die einen höheren Gerbstoffanteil besitzen als jene, die zum direkten Verzehr bestimmt sind. Mit geschätzten 400 verschiedenen Streuobstsorten bei Äpfeln und Birnen ist das Sortenangebot für die Verarbeitung zu Most schier umwerfend.

Von Minnesängern besungen

Apfelwein wird um das Jahr 800 erstmals schriftlich erwähnt. Das erste schriftliche Lob auf den Most stammt von einem Minnesänger: Neidhart von Reuenthal hat ihn im 13. Jahrhundert besungen. Allerdings war Most zu dieser Zeit ein eher minderwertiges Gelegenheitsgetränk für arme Leute, die sich teuren Wein nicht leisten konnten. Im niederösterreichischen Mostviertel erlebte das Getränk im 16. Jahrhundert seine erste Blütezeit. Gefördert wurde es weiters durch Kaiserin Maria Theresia, die die Anpflanzung von Streuobstwiesen verordnete. Ihr Sohn Joseph II. belohnte dann sogar alle Landwirte, die mehr als 100 Obstbäume setzten. Zudem erließ er 1789 ein Dekret, dass bei jeder Bauernhochzeit einige Obstbäume zu pflanzen seien.

»Wissen, wo der Barthel den Most herholt ...«

Für dieses alte Sprichwort gibt es mehrere Erklärungen. Die erste hat gar nichts mit Most zu tun, sondern mit dem Kinderkriegen. Im Niederdeutschen wird der Storch »Bartheld« (von Bartholomäus bzw. Barthold) genannt. Wenn jemand wusste, von wo dieser die Mäuse – also die Kinder – holt, dann war er aufgeklärt und konnte auf einschlägige Erfahrungen zurückblicken. Eine andere Erklärung geht auf einen Beamten namens Barthel aus Heilbronn zurück, der um das Jahr 1230 gelebt haben soll und sich stets Most aus dem Ratskeller zu verschaffen gewusst hat.

Most ist heute wieder Trendgetränk

Nach dem Zweiten Weltkrieg geriet Most ziemlich aus der Mode. Schuld waren Bier, Wein und Limonaden, die ihn aus dem Glas verdrängten. Erst seit den 1980er-Jahren ist eine Trendumkehr zu bemerken. Most wird als bodenständiges Naturgetränk wahrgenommen.

Kleines Mostglossar

Süßmost: frisch gepresster Saft ohne Alkohol
Apfel-, Birnenmost: vergorener Apfel-/Birnensaft
Mischlingsmost: aus Äpfeln und Birnen
Cider: aus Apfelmost, mit Apfelsaft gesüßt und mit Kohlensäure versetzt; muss bei 20 °C einen Druck von 2,5 bar aufweisen
Perry: Cider aus Birnen
Apfelsekt/Birnensekt: wird durch eine zweite Gärung aus Apfel-/Birnenmost zum jeweiligen Sekt

VERKOSTUNGSTIPPS FÜR MOST

Die niederösterreichische Moststraße hat begonnen, Moste in vier Geschmacksrichtungen einzuteilen, wobei v. a. dem Zusammenspiel von Säure, Gerbstoffen und Restzucker Bedeutung zukommt:

MILD:	**Gesamtsäure bis 6,5 ‰ und kein deutlicher Gerbstoffgehalt** **typisch: Schweizer Wasserbirne, Grüne Winawitzbirne, Speckbirne**
HALBMILD:	**Gesamtsäuregehalt 6,5–8 ‰, kein deutlicher Gerbstoffgehalt** **typisch: Stieglbirne, Speckbirne, Rote Pichlbirne, Knollbirne**
KRÄFTIG:	**deutlich spürbarer Gerbstoffgehalt** **typisch: Dorschbirne, Rosenhofbirne, Gelbmostler**
RESCH:	**Säuregehalt über 8 ‰** **typisch: Dorschbirne, Landlbirne, Grüne Pichlbirne**

Beim Zuprosten mit Most sagt der Kenner übrigens nicht »Prost«, sondern »G'sundheit!«. Die korrekte Antwort darauf lautet dann: »Sollst leben!«

Es wird ein Wein sein ...

Wilde Weinreben wuchsen bereits vor 60 Millionen Jahren, und zwar als Kletterpflanzen in Eichenmischwäldern. Ca. 6000 v. Chr. gab es bereits erste primitive Weinkulturen in Transkaukasien. Von dort aus breitete sich der Wein in den Westen, Süden und Osten aus. Wein war schließlich auch in den antiken Hochkulturen der Ägypter, Sumerer, Babylonier und Assyrer bekannt. Der griechische Wein wird heute noch besungen und auch in Italien blickt man auf eine jahrtausendealte Tradition zurück. Ebenso wie in Österreich, das im Herzen der »alten Weinwelt« liegt.

Weinklassen

Für die Produktion österreichischer Qualitätsweine sind 22 weiße und 13 rote Rebsorten zugelassen. Darunter findet man autochthone Rebsorten wie Grüner Veltliner, Zierfandler oder Rotgipfler bei den Weißen oder Zweigelt, Blaufränkisch und St. Laurent bei den Roten. Autochthone Rebsorten sind solche, die nahezu ausschließlich in einem Gebiet durch natürliche Kreuzung entstanden sind und dort auf eine relativ lange Geschichte zurückblicken. Aktuell sind rund zwei Drittel der gesamten österreichischen Weingartenfläche mit weißen Rebsorten und folglich ein Drittel mit Rotweinsorten bestockt. Wird ein Wein aus einer nicht für Qualitätswein zugelassenen Sorte produziert, darf er unabhängig von der Qualität nur als »Wein aus Österreich« verkauft werden.

Für die Klassifizierung gelten noch weitere Kriterien

So ist der Zuckergehalt des Mostes entscheidend, der in Grad Klosterneuburger Mostwaage (KMW) angegeben wird. Dabei entspricht 1 °KMW einem Dekagramm Zucker in einem Kilogramm Most. Für Qualitätswein sind mindestens 15 °KMW erforderlich. Erfinder der Klosterneuburger Mostwaage war der Gründer der Klosterneuburger Weinbauschule August Wilhelm Freiherr von Babo (1860), jener Mann, der mit geschenkten amerikanischen Rebstöcken auch die Reblaus nach Österreich brachte. Durch den Schädling kam es dann um die Wende vom 19. zum 20. Jahrhundert zu einer massiven Weinkrise.

Trend und Nischenprodukt

»Natural Wines« oder »Orange Wines« werden derzeit von einigen experimentierfreudigen Winzern angeboten. Worum handelt es sich dabei? Im

Prinzip sind es Weißweine, die wie Rotweine verarbeitet werden. Das heißt die weißen Trauben bleiben einige Tage bis zu mehreren Wochen – manche sogar ein Jahr – mit der Maische in Kontakt. Dadurch werden Farb- und Gerbstoffe aus den Schalen extrahiert, die dem Wein einen speziellen Charakter verleihen. Die Weine weisen Tannine auf, wie man sie sonst nur vom Rotwein kennt, und gleichzeitig die frische Säure des Weißweins.

»Es ist schade,
dass man den Wein nicht streicheln kann!«
(Kurt Tucholsky)

Vertikale versus Horizontale

Bei Fachverkostungen sind zwei Verkostungstypen zu unterscheiden: Bei der vertikalen Verkostung werden die gleichen Weine (eines Produzenten oder einer Region) aus verschiedenen Jahrgängen degustiert. Dabei zeigt sich, wie das Wetter den Wein beeinflusst und wie sich der Wein während der Reifung entwickelt. Die horizontale Verkostung kennzeichnet sich durch verschiedene Weine aus einem Jahrgang. Hier wird deutlich, wie Boden, Rebsorte und Vinifizierung das Produkt prägen.

Wein im Bild

Geschmack zu veranschaulichen, macht es oft leichter, über Wein zu reden und ihn emotional zu erleben. Das können schlichte Symbole sein, wie »rund« oder »eckig«. Oder es sind komplette Weinbilder, die unsere sensorischen Wahrnehmungen spiegeln. Dabei wird einerseits auf empirisch gefundene Zusammenhänge zwischen Geschmack und Farbe zurückgegriffen. So steht beispielsweise Grün bis Gelb für Säure oder Frische und Blau für Mineralität. Auch wie sich der Wein mit der Zeit im Mund anfühlt, lässt sich abbilden. »Gefällt jemandem das Bild, schmeckt auch der Wein dazu«, berichtet Martin Darting, der Erfinder der »Weinbild-Methode«.

VERKOSTUNGSTIPPS FÜR WEIN: SCHAUEN – RIECHEN – SCHMECKEN

Wer einen Wein mit all seinen Facetten erfahren möchte, tut sich mit etwas System leichter. Das Glas sollte nur etwa zu einem Viertel gefüllt sein, sodass Sie es spielend neigen und schwenken können.

SCHAUEN

Am besten vor weißem Hintergrund, einem Blatt Papier, einer Serviette oder einem Tischtuch. So lassen sich die Farbtiefe im Zentrum, die Farbnuancen am Rand, die Klarheit und die Leuchtkraft erkennen. Schwenkt man das Glas kreisförmig, zeigt sich danach die Viskosität durch eventuelle Schlieren am Glas. Je mehr Alkohol und Extrakt ein Wein hat, desto mehr sogenannte »Kirchenfenster« bilden sich.

RIECHEN

Zuerst am Glas, ohne es zu schwenken. Zu Beginn sind die flüchtigen, leichten Duftstoffe, die sogenannten Primäraromen, zu erkennen. Durch zwei- bis dreimaliges Schwenken des Glases verteilen sich die Aromastoffe und der Wein bekommt Luft. Schnüffeln Sie an der Aromawolke in kurzen Zügen!
Mitunter können Sie Gewürze wie Vanille oder Pfeffer, Fruchtiges wie Himbeeren oder Banane oder Erdiges wie Wald, Teer oder Pilze erriechen. Bei der zweiten Nase kann sich der erste Eindruck ändern – weil die Temperatur steigt und der Wein weiter »atmet«.

SCHMECKEN UND FÜHLEN

Nehmen Sie einen Schluck, kauen und schlürfen Sie den Wein. So verteilt er sich in der gesamten Mundhöhle und wird nochmals belüftet. Auf der Zunge lässt sich die Konsistenz des Weines feststellen: Ist er eher dünn oder hat er einen vollen Körper? Prickelt er? Im Geschmack sind Süße, Säure und manchmal eine leichte Bitternote zu erkennen und die Mundschleimhäute ziehen

sich bei hohem Tanningehalt (Gerbstoffe) zusammen. Junge Rotweine sind oft tanninreich, mit der Zeit binden sich diese im Idealfall gut ein und zerfallen. Dann machen sie den Wein seidig, samtig, weich und rund. »Grüne« Tannine resultieren aus unreifem Traubengut, sie bleiben selbst über Jahre grün und bitter.

SCHLUCKEN ODER SPUCKEN

– je nach Verkostungsmenge und persönlicher Vorliebe. Ob so oder so: Der nachhallende Gesamteindruck des Weins im Mundraum zeigt sich im Abgang. Dessen Dauer wird als Länge des Weines bezeichnet. Weinexperten messen den Abgang mit der Maßeinheit Caudalie (von lat. cauda = Schweif oder Schwanz). Eine Caudalie entspricht einer Sekunde. Ein kurzer Abgang liegt bei bis zu drei Sekunden, ab einem Abgang von acht bis zehn Sekunden beginnt die Klasse der Qualitätsweine. Spitzenweine zum Beispiel können einen Abgang von fünfzig Sekunden haben.

8 MOSTBIRNHAUS

Stift 14 • 3323 Ardagger Stift
T: +43 (0) 74 79/64 00
M: office@mostbirnhaus.at
W: www.mostbirnhaus.at

Interaktiv ✓
Führungen: auf Anfrage
Verkostung/Kostprobe ✓
Shop ✓
Gastronomie ✓

Das MostBirnHaus im Herzen des niederösterreichischen Mostviertels ist einen Besuch wert. Erwachsene und Kinder erfahren hier, wie Most und Birnensaft gemacht werden – vom Birnbaum bis zur Mosttaufe. Das alles wird mit einem guten Medienmix und interaktiv dargestellt: Da können Sie Riesenmostbirnen und -äpfel zum Schwingen und Tönen bringen, in einem Geschicklichkeitsspiel Mostbirnen klauben, oder mit eigener Muskelkraft den Highscore am Birnenmaisch-Rad knacken. Sie können sich im Mostviertler Dialekt üben, in einem Hörsessel Mostviertler Sagen lauschen, Ihr Wissen in einem Quiz testen oder am Ende den Weg des Mosts im »Birnbaumkino« noch einmal zusammengefasst wahlweise im Kinosessel, im Liegestuhl oder sogar in der Hängematte (!) verfolgen.

Wissenswertes vom Mostbaum bis zum Endprodukt Most ist auf informativen und leicht verständlichen Schautafeln in jedem Raum zu sehen und zu lesen oder Sie lassen sich diese in einem Kurzfilm bequem vorlesen. Witzig ist der virtuelle Begleiter, der Ihnen auf einem Bildschirm die Spiele erklärt und Sie zu Höchstleistungen motiviert – alles mit kernigem Mostviertler Schmäh! Am Ende wird dazu eingeladen, im Shop eine Most- oder Saftsorte zu verkosten. Und wer dann noch Lust und Zeit hat, kann auf der Holzkegelbahn alle Neune zu Fall bringen.

Darüber hinaus gibt es in »Bartls Birnengarten« bei freiem Eintritt für Kinder (und jung gebliebene Erwachsene) tolle Plätze zum Spielen. Sie können im Seiledschungel klettern, die Sandbirne genießen, mit dem Schwungkarussell fahren, durch ein Pflanzenlabyrinth gehen oder mit einer Einpersonenseilbahn talwärts fahren.

FAZIT

Alles in allem eine sehr gelungene, informative und unterhaltsame Darstellung des Most-Produktionsweges, die auch für Kinder kurzweilig gestaltet ist.

Burgenland

- Interaktiv ✓
- Führungen ✓
- Verkostung/Kostprobe ✓
- Shop ✓

9 HÖPLERS WEINRÄUME

Hauptstraße 52 • 7092 Winden am See
T: +43 (0) 26 83/23 9 07-30
M: info@weinraeume.at
W: www.weinraeume.at

Sieben Räume bereiten die Besucher auf die Verkostung im achten Raum vor: Sehen, Riechen, Hören, Tasten stehen im Vordergrund der ästhetisch anspruchsvollen Gestaltung.

Christoph Höpler, der das Weingut 2004 von seinem Vater übernommen hat, ließ den alten Gutshof aus dem 16. Jahrhundert von drei Künstlern zu einer »Weinerlebniswelt mit allen Sinnen« umbauen. Die Idee hinter diesem Konzept war: Jeder soll sich auf seine Sinne verlassen, sich seine eigene Meinung bilden und unvoreingenommen an Weine herangehen!

Daher geht es hier vor allem um eine sinnliche Welt: Wie unterscheiden sich die Farben je nach Rebsorte? Welche Aromen sind zu erriechen? Welche Unterschiede gibt es im Terroir? Und wie wird über Wein geredet?

Ein Imagefilm zeigt im Ambiente eines Barriquefass-Kellers den Verlauf eines Weinjahres – die Arbeitsschritte von der Rebe bis zur Flaschenfüllung. Welchen Stellenwert die Zeit für die Reifung des Weines hat, wird ebenso vergegenwärtigt.

Die Degustation startet mit einer Anleitung zum »richtigen« Kosten; die Kommentare werden konsequenterweise den Besuchern überlassen …

FAZIT

Ästhetisch sehr ansprechend und für Einsteiger in die Weinwelt ein erster, ungezwungener Zugang. Der kurze Rundgang macht mitunter Gusto darauf, sich mehr mit dem Produkt Wein auseinanderzusetzen.

10 KATTUS

Führungen ✓
Verkostung/Kostprobe ✓
Shop ✓

Billrothstraße 51 • 1190 Wien
T: +43 (0) 1/368 43 50-0
M: office@kattus.at
W: www.johann-kattus.at

Sekt und Kaviar – kommt Ihnen diese Kombination bekannt vor? Nun, die Firma Kattus importierte ursprünglich auch Kaviar, bevor sie mit der Sektproduktion begann.

Den Auftakt der Besichtigung bildet ein Kurzfilm über die Sektproduktion, die es schon in der k. u. k. Monarchie gab. Anschließend geht es durch die Sektkeller, wo zu sehen ist, wie der Grundwein in der Flasche ein zweites Mal gärt. Mit etwas Glück ist man sogar dabei, wenn der Sekt »degorgiert« wird (so wird das Entfernen der Hefe genannt). Den Abschluss bildet eine kommentierte Sektverkostung, was insofern bemerkenswert ist, als man sich bei vielen Verkostungen andernorts selbst überlassen ist. Einmal im Jahr findet zudem ein Tag der offenen Tür statt.

FAZIT

Interessante Einblicke in die Produktion. Sektaffine können einen Teil des Sektkellers für diverse Events mieten. Führungen gibt es ab zehn Personen nach Terminvereinbarung.

Niederösterreich

11 LOISIUM WEINERLEBNISWELT

- Interaktiv ✓
- Führungen ✓
- Verkostung/Kostprobe ✓
- Shop ✓
- Gastronomie ✓

Loisium Allee 1 • 3550 Langenlois
T: +43 (0) 27 34/32 2 40
M: info-weinwelt@loisium.at
W: www.loisium-weinwelt.at

Dass das Loisium viele Besucher empfängt, lässt sich schon allein daraus ableiten, dass für die Besichtigung ein Audioguide zur Verfügung gestellt wird. Anders wäre der Besucherstrom vermutlich kaum zu bewältigen – wobei es für Gruppen ab 15 Personen auch individuelle Führungen gibt. Für Kinder werden eigene Audioguides für die zahlreichen Kinderstationen angeboten – so ist ein Besuch im Loisium ein durchaus familienfreundliches Erlebnis!

Das Loisium ist kein klassisches Weinbaumuseum und auch kein reiner Schaubetrieb – der Begriff »Weinerlebniswelt« trifft es definitiv am besten. So beginnt im Keller dann auch eine Show mit Wind-, Licht-, Musik- und Wassereffekten – aufwendig gestaltet, aber wohl Geschmacksache.

Die Weinkeller des Loisiums – angeblich bis zu 900 Jahre alt – sind jedenfalls beeindruckend und atmosphärisch. Zu sehen gibt es Fässer, später eine alte Weinpresse und einen Film. Und man darf seinen Geruchssinn prüfen: Krüge mit Stopfen beinhalten Riechproben, die es zu erkennen gilt.

Der Weg führt jedoch nicht ausschließlich durch die Keller: Zwischendurch kommt man durch ein kleines Fassbindermuseum, in dem sich die Besucher beim Schnitzen versuchen dürfen. Auch das ist ein unterhaltsames, interaktives Detail. Ein weiterer Trakt, der wie ein Heimatmuseum aufgebaut ist, zeigt das Leben einer Winzerfamilie vor 100 Jahren. Dann geht es in die Schausekterei des Weinguts Steininger. Karl Steininger, wohl einer der bekanntesten und besten Sektproduzenten Österreichs, versektet jahrgangs- und sortenrein. Durch einen gläsernen Aufzug lernt man den Betrieb der Steiningers auf mehreren Etagen kennen.

Was dann kommt, polarisiert: Es ist der »mystische« Teil des Loisiums mit Pendel, Schattenspielen und donnerähnlichen Geräuschen.

Im Shop gibt es dann eine Weinprobe – ein Glas Weiß-, Rosé- oder Rotwein nach Wahl.

FAZIT

Wer das Loisium besucht, sollte sich auch im Sommer etwas Warmes zum Überziehen mitnehmen – in den Weinkellern ist es kühl. Für den gesamten Durchgang braucht es Zeit, wir waren ca. zwei Stunden dort. Interaktive Elemente regen zum Mitmachen an.

Steiermark

12 ÖNOLOGIUM WEINGUT GEORGIBERG

- Interaktiv ✓
- Führungen ✓
- Verkostung/Kostprobe ✓
- Shop ✓
- Gastronomie ✓

Wielitsch 54
8461 Berghausen
T: +43 (0) 34 53/20 2 43
+43 (0) 664 836 82 14
M: office@weingut-georgiberg.at
W: www.weingut-georgiberg.at

Die südsteirische Weinstraße ist weinaffinen Besuchern zweifellos bestens vertraut. Verkosten kann man dort vielerorts. Unbedingt eine Extratour wert ist das Önologium am Georgiberg. »Qualität als Lohn für Sorgfalt« – unter diesem Motto wird hier produziert und im Önologium auf spannende und originelle Weise informiert.

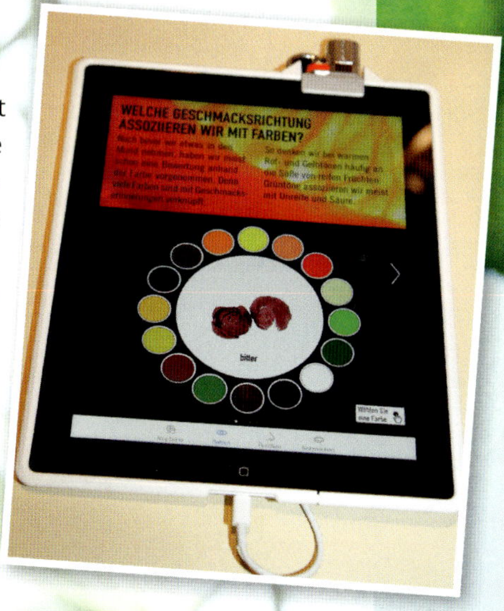

Das Terroir der Weingärten wird mit Bodenprofilen sichtbar gemacht. Die eine Hälfte der Weingärten des Weingutes befindet sich in Österreich, die andere Hälfte in Slowenien.

Kurzfilme zeigen die Arbeit im Weingarten über das gesamte Jahr – in einem Mix aus Natur- und gezeichnetem Animationsfilm. Diese kreative Umsetzung zieht sich auch durch andere Stationen. Kann Weißwein aus roten Trauben hergestellt werden? Wie kommen die Bläschen in den Sekt? Wie unterscheiden sich die Herstellungsbedingungen (Stichwort: Sonnenstunden, Niederschlag, Temperatur etc.) in der Steiermark, im Burgenland und in Argentinien? Diese und ähnliche Fragen werden im Önologium anschaulich beantwortet.

Welche Aromen lassen sich im Wein riechen? Hier bestechen Ästhetik und Interaktion: Man kann spielerisch seine Nase testen. Neue Medien werden gekonnt eingesetzt: Mithilfe von Tablets kann individuell je nach Interesse des Besuchers Information abgerufen werden. Auch wird gezeigt, dass Weingenuss durchaus ein Abenteuer im Kopf sein kann!

Der Weinkeller selbst kann am Georgiberg natürlich auch besucht werden. Modernste Kellertechnik beeindruckt. Die Spezialität des Hauses: Blauer Muskatellersekt!

Die Führung ist ein Erlebnis mit allen Sinnen, dessen krönenden Abschluss die Verkostung bildet.

FAZIT

Hier harmonieren Modernes und Rustikales hervorragend. Von der Terrasse des Georgibergs will man nicht mehr so schnell weg – oder rasch wieder hin. Das liegt auch an der Herzlichkeit und Kompetenz der Gastgeber!

Wien

13 SCHLUMBERGER KELLERWELTEN

Führungen ✓
Verkostung/Kostprobe ✓
Shop ✓

Heiligenstädter Straße 39 • 1190 Wien
T: +43 (0) 1/368 22 59-0
M: kellerwelten@schlumberger.at
W: www.schlumberger.at

Die Schlumberger Kellerei im 19. Wiener Gemeindebezirk ist die älteste Sektkellerei Österreichs. Besucher lernen die 300 Jahre alte Kellerwelt tatsächlich hautnah kennen und befinden sich am tiefsten Punkt dieser Gemäuer 16 Meter unter der Erde.

Die Kellertour ist sehr transparent und strukturiert aufgebaut. Sie startet mit einem Film und dann wird der Besucher mittels detaillierter Erklärungen Schritt für Schritt durch die Kellergänge und somit den Produktionsablauf des Sekts gelotst. So weiß man danach, warum die Sektflaschen bei der »Méthode Traditionnelle« händisch und täglich gerüttelt werden oder weshalb die weiße Markierung am Flaschenboden für den Rüttler so wichtig ist. Außerdem gibt's gute Erklärungen zur Flaschengärung, zum Degorgieren oder zur Dosage. Wer die Begriffe vorher nicht kannte, weiß danach bestens Bescheid.

Abschließend – wie könnte es anders sein – gibt es an der Bar ein Glas Sekt zum Verkosten. Fein wäre es allerdings gewesen, hätten wir statt eines normalen, vollgefüllten Sektglases zwei oder drei kleinere Kostproben erhalten. Denn nur so lässt sich der Unterschied zwischen den zuvor erklärten Varianten Brut oder Secco erschmecken. Gegen Aufpreis ist es allerdings möglich, fünf Sektsorten zu kosten.

FAZIT

Schon allein das Ambiente in den faszinierenden Kellern ist den Besuch wert. Die Führung ist sehr informativ und vermittelt einen guten Überblick über den Ablauf der Sektproduktion.

Niederösterreich

Führungen ✓
Verkostung/Kostprobe ✓
Shop ✓

14 SCHLUMBERGER SEKTWELT

Kellergstetten • 2170 Poysdorf
T: +43 (0) 22 52/20 3 71, +43 (0) 664 286 06 32
M: info@poysdorf.at
W: www.poysdorf.at/wein-erlebnis/vielfaeltiges-fuehrungsangebot/schlumberger-sektwelt.html

Die Sektwelt befindet sich im alten Kellerhaus des Weingutes Riegelhofer, das seit Jahrzehnten mit Schlumberger kooperiert. In den Kellergängen werden an zahlreichen Stationen die Basics über Schaumwein plakativ vermittelt.

Wo hat der Sprudel seinen Ursprung? Wie kommen die Perlen in den Wein? Und wie unterscheiden sich Crémant, Champagner, Cava, Spumante und Sekt voneinander? Die Geschichte des prickelnden Getränkes wird aufgerollt, genauso wie die Rolle von Dom Perignon. Auch der »Rezeptur« der traditionellen Methode kommt man auf die Spur: Was hat es mit der Assemblage auf sich? Was mit der Hefe? Mit dem Rütteln? Und der Dosage? In Handarbeit dauert es rund vier Jahre, bis der Grundwein als Sekt zu trinken ist. Die Unterschiede zum Tankgärverfahren werden ebenfalls erklärt.

Es gibt also viel zu lesen, aber auch manches zu sehen: zum Beispiel eine der ersten elektrisch betriebenen Weinpumpen Österreichs, eine alte Dosiermaschine, die Lagerung der Sektflaschen während der zweiten Gärung sowie von Künstlern bemalte Fassböden. Im ersten und zweiten Stock ist eine umfassende Sammlung von Sektgläsern und -kübeln untergebracht. Unter anderem ist auch die größte Sektflöte der Welt ausgestellt, die 90 Liter fasst.

FAZIT

Eine informative, faktenorientierte Galerie. Wer Ruhe für die Details hat, kann sich allerhand erlesen! Zum Abschluss wartet noch ein Glas Sekt. Und was Poysdorf mit der Champagne gemeinsam hat, erfährt man ebenfalls vor Ort.

Niederösterreich

15 VILLA VINUM WEINERLEBNISWELT

Interaktiv ✓
Führungen ✓
Verkostung/Kostprobe ✓
Shop ✓

Weinweg 1
2460 Bruck an der Leitha
T: +43 (0) 699 103 00 890
M: info@villavinum.at
W: www.villavinum.at

Wissen Sie, warum früher alle Lesehelfer singen oder pfeifen mussten? Geschichten zum Weinbau, gespickt mit zahlreichen Anekdoten, werden in der Villa Vinum indoor und outdoor vermittelt.

Zuallererst geht es direkt in den Weingarten, wo die Unterschiede zwischen den Rebsorten im Gehölz, in den Blättern und der Farbe am Beispiel Grüner Veltliner und Zweigelt erklärt werden. Charmant ist, dass die Aromastation mit Riechproben unter dem Kirschbaum folgt. Die Arbeiten im Weingarten und -keller übers gesamte Jahr werden in einem kurzen Film in den Verkostungsräumlichkeiten gezeigt.

Im Museumstrakt sind zahlreiche aus Familienbesitz stammende und in der Umgebung gesammelte Gerätschaften ausgestellt: darunter Rebmesser, Buckelspritzen, Mostschaffln, Gärspund, unterschiedliche Pressen und Filtersysteme. Filtern war übrigens die Voraussetzung für die Flaschenfüllung. Eine Stoppelhahnfüllung für Doppler ist ebenfalls zu sehen.

Der frühere Einsatz von Maschinen und Utensilien sowie die Unterschiede zu den heutigen Geräten werden ebenso detailliert erklärt wie die Differenzierung zwischen Seihmost, Pressmost und Scheitermost.

An der Außenwand gibt ein Gemälde Auskunft über die historische Bedeutung des Weins in Carnuntum: von der Urrebe in den Donauauen über die Kelten und Römer bis zu Kaiser Karl dem Großen, der ein großer Weinfreund gewesen sein soll. Zudem erfährt man, warum Bruck bis ins 17. Jahrhundert eine ganz besondere Stellung im Weinhandel einnahm.

FAZIT

Ein so umfassender Eindruck über Wein ist selten! Fundiert überlieferte Geschichte, viele amüsante Anekdoten und das Wissen mitten aus Garten und Keller bringen den Besuchern hier kurzweilig und spannend das Kulturgut Wein näher. Kleidung dem Wetter anpassen!

Führungen ✓
Shop ✓

16 WEINBAU- UND FASSBINDEREIMUSEUM

Langenloiser Straße 199
3491 Straß im Straßertale
T: +43 (0) 27 35/24 95
M: gemeinde.strass@aon.at
W: www.strassertal.at/cms/website.php?id=kultur-freizeit/museen.php

Der Schein trügt bekanntlich öfter. Das trifft auch auf das Weinbau- und Fassbindereimuseum Straß im Straßertale zu. Was von außen eher unscheinbar wirkt, entpuppt sich als unaufgeregtes, aber eines der nettesten Museen überhaupt.

Das Museum besteht aus mehreren Trakten: einem Weinbaumuseum, einem alten Sägewerk, einem Weingarten und letztlich dem Herzstück, dem Fassbindermuseum. Ein Daubenstoß deutet im Freien bereits die Fassbinderei an. Dauben sind die Längshölzer für die Fässer.

Drinnen informiert ein Film über das Handwerk des Fassbindens. Spannend, welche Arbeitsschritte hier erfolgen! Dass mit Präzision gearbeitet werden muss, versteht sich von selbst. Wer den Film gesehen hat, versteht in der Folge auch alle Exponate des Fassbindermuseumstraktes. Werkzeuge, Metallringe, Fässer in verschiedenen Fertigkeitsstufen veranschaulichen die Genesis eines Weinfasses.

Ein- und Ausgang ist die Vinothek »Weinkontraste«. Entsprechende Beratung und Enthusiasmus werden beim etwaigen Weinkauf hier mitgeliefert.

FAZIT

Die Fassbinderei zählt zu jenen Gewerben, die in Österreich nur mehr ganz wenige Menschen beherrschen. Umso feiner ist, dass man sich hier wirklich ausführlich informieren kann. Führungen gibt es ab zehn Personen. Aber auch für Einzelbesucher gilt: absolut empfehlenswert!

Steiermark

Führungen ✓

17 WEINMUSEUM KITZECK

Steinriegel 15 • 8442 Kitzeck
T: +43 (0) 34 56/35 00
+43 (0) 34 56/30 00
M: info@sulmtal-sausal.at
W: www.kitzeck-sausal.at/Weinmuseum-Kitzeck.21.0.html

Das erste Steirische Weinmuseum ist in einem alten Bauernhaus mitten im südsteirischen Kitzeck untergebracht und übrigens Europas höchstgelegenes Weinmuseum.

In mehreren Räumen, die thematisch gut gegliedert sind, sind über 1000 Schaustücke zu sehen. Mithilfe der angebrachten Beschriftungen und Schautafeln lassen sich Art und Gebrauch der Ausstellungsstücke gut nachvollziehen – was bei manchem Ausstellungsstück, etwa einem eisernen Handschuh, ansonsten nicht so einfach wäre.

Die Geschichte der Winzer und des steirischen Weinbaus wird gut illustriert. Sogar eine eigene nachgebaute Rauchkuchl ist dort zu sehen. Und man erfährt, dass einer der ersten Buschenschenker von Kitzeck Pfarrer August Sagmeister war. Gemeinsam mit seiner Köchin Luise überwacht er – fast lebensecht – die große alte Holz-Weinpresse im letzten Raum. Witzig sind so manche Fotos, etwa die Galerie der Weinköniginnen, die bis in die 1970er-Jahre zurückreicht.

FAZIT

Wer wissen möchte, wie Winzer früher gelebt und gearbeitet haben, ist hier richtig!

Niederösterreich

Interaktiv ✓
Führungen ✓
Verkostung/Kostprobe ✓
Shop ✓

18 WEINWEG LANGENLOIS

Ausgangspunkte:
Ursin Haus, Kamptalstraße 3, 3550 Langenlois, bzw.
Loisium Weinerlebniswelt, Loisium Allee 1, 3550 Langenlois
T: Ursin Haus: +43 (0) 27 34/20 00-0
M: info@ursinhaus.at
W: www.langenlois.at/wein/weinweg-langenlois.html

Ein Blick über den Glasrand: Wir definieren »Ausstellungen« in diesem Buch etwas breiter, denn der Weinwanderweg Langenlois ist definitiv mehr als nur ein Wanderweg neben Reben.

Wein, Kunst und Wandern werden auf dem gemütlichen Rundweg in idyllischer Landschaft vereint. Auf etwa 7 km Länge durchstreift man verschiedene Rieden in Langenlois. Dabei werden ausgewählte Winzer aus dem Ort präsentiert. Zahlreiche Infostationen informieren über Reben, Lagen, Lössboden, Gestein, DAC, Sektherstellung und vieles mehr.

Eine Aussichtsplattform mit Fernrohr, zwei Rahmen, durch die hindurch Riede und Lössboden betrachtet werden können (sie werden »Riedenporträt« und »Lössporträt« genannt), und Skulpturen bereichern den Weg.

Auf dem Weg gibt es auch Weinsafes; ein Leihschlüssel und ein Degustationsset können gegen Gebühr im Loisium bzw. im Ursin Haus abgeholt werden. Führungen sind für Gruppen ab 20 Personen gegen Voranmeldung möglich.

FAZIT

Ein lohnender, netter Spaziergang, nicht nur für weinaffine Menschen. Hier wird einiges vermittelt!

SPIRITUELLES MIT SPIRITUOSEN

Bier brauen, Wein keltern oder Most machen – damit tat sich die Menschheit wesentlich leichter als mit dem Schnapsbrennen. Zwar gibt es Belege, dass bereits im alten Ägypten und in der Antike Hochprozentiges gebrannt wurde, doch wurde Schnaps damals eher als Heilmittel genutzt (wenngleich manch einer Schnaps auch heute noch als Medizin betrachtet …). Der Erste, der die physikalischen Grundprinzipien der Destillation beschrieb, war übrigens Aristoteles im 4. Jahrhundert v. Chr. Etwa um 700 n. Chr. kam die Destillation mit den Arabern nach Europa.

Geistliche entwickeln Geistiges

Ab dem 12. Jahrhundert wurde Alkohol in der Medizin eingesetzt; u. a. tat dies Hildegard von Bingen, die Alkohol für die Herstellung ihrer Kräuterauszüge nutzte. Magister Salernus aus Salerno gelang 1167 die erste dokumentierte Weindestillation. Er schaffte es, reinen Alkohol als entflammbaren Weingeist von den nicht brennbaren Bestandteilen des Weines zu trennen. Wie bei vielen anderen kulinarischen Genussmitteln waren es auch in diesem Fall die Klöster, die das Verfahren weiterentwickelten. Nicht zufällig stammt das Wort Spirituosen vom lateinischen Wort spiritus, also Geist, ab. Es ging aber vornehmlich um die Herstellung von Heilmitteln und so stammt aus dieser Zeit auch die lateinische Bezeichnung aqua vitae, zu Deutsch »Lebenswasser«. Der deutsche Alchemist Albertus Magnus, seines Zeichens Bischof zu Regensburg, war im 13. Jahrhundert einer der Ersten, die sich intensiv mit der Verbesserung des Herstellungsverfahrens von Weingeist befassten. Er erfand die Brennblase, in der sich nach Erhitzung des Weines die alkoholischen Dämpfe sammeln.

Napoleon »schnappte« gehörig

Im 14. Jahrhundert nutzte man v. a. Wacholderdestillate zur Behandlung von Pestkranken. Infolgedessen kam es zu einer verstärkten Verbreitung des Brennwissens. Eines der ersten Fachbücher war das »Von der wahren Kunst zu Destillieren« des Deutschen Hieronymus Brunschwig.

Alkohol war anfangs aber nicht nur als Medizin, sondern auch als Parfum in Gebrauch. So war die erste Weltmarke damals »Kölnisch Wasser« – Eau de Cologne. Dass dieses nicht nur äußerlich, sondern auch innerlich zur Anwendung kam, wird u. a. von Goethes Liebster Christiane Vulpius oder von Napoleon erzählt. Vor jeder Schlacht soll er einen kräftigen Schluck aus dem Parfumfläschchen genommen und so je nach der militärischen Lage pro Monat etwa 60 Flakons »vernichtet« haben.

»Euch ist bekannt, was wir bedürfen,
wir wollen starke Getränke schlürfen.«
(Johann Wolfgang von Goethe in »Faust I«)

Landläufig werden Spirituosen »Schnaps« genannt. Das Wort stammt vom niederdeutschen Begriff »schnappen«, was so viel wie »Schluck« heißt und sich darauf bezieht, dass Schnaps üblicherweise in einem schnellen Schluck aus einem kleinen Glas getrunken wurde. Von dort ist es auch nicht weit zur Schnapsdrossel. Die hat nichts mit dem Singvogel zu tun, sondern mit dem alten Wort für Kehle, nämlich »Drossel«. Daher stammt übrigens auch der Begriff erdrosseln.

Hochprozentige Einnahmequelle

Schnapsbrennen war wirtschaftlich nicht unbedeutend. Das Interesse der Landesherren, am steigenden Umsatz der Brennereien mitzuverdienen, führte schließlich im 15. Jahrhundert zur Einführung der Branntweinsteuer. In Österreich erließ Kaiserin Maria Theresia (1717–1780) das sogenannte Branntweinmonopol. Es erlaubte nur ausgewählten Betrieben das Schnapsbrennen. Dieses Brennrecht wurde von der Republik Österreich nach dem Ersten Weltkrieg übernommen. Es bedeutet u. a., dass nicht jeder brennen darf und dass für das Brennen von Schnaps, abhängig von der Menge, eine Branntweinsteuer an den Staat entrichtet werden muss.

Weinbrand im Süden, Whisky im Norden

Bei der Herstellung von Alkoholdestillaten ergab sich übrigens sehr früh ein geografisches Nord-Süd-Gefälle, das bis heute zu beobachten ist: Der Anbau von Trauben und Obst im Süden Europas führte zu hochprozentigen Schnäpsen – Weinbrand, Grappa oder Obstbränden. In den nördlichen Gegenden nutzte man eher Getreide, Kartoffeln und Rüben für die Schnapserzeugung. Eine erste literarische Erwähnung findet Kornbranntwein Ende des 16. Jahrhunderts in einer deutschen Schrift. Es ist aber davon auszugehen, dass es schon einige Hundert Jahre zuvor in Irland einen Vorläufer des Whiskys gab.

Whisky oder Whiskey?

In Irland wird Whisky seit dem 12. Jahrhundert produziert. Rohstoffe sind Gerste, Roggen, Hafer und Mais. Gelagert wird er in gebrauchten Fässern (z. B. solchen, in denen zuvor Sherry, Port oder Rum gelagert wurde). Es gibt Blends (Mischungen) oder unverschnittene Single Malts. In den USA erzeugen irische und schottische Einwanderer seit dem 18. Jahrhundert Whisky auch aus Mais und Roggen.

Mit 30 Prozent stellt der Getreideschnaps Whisky einen Hauptanteil der Spirituosen. Das Wort »Whisky« kommt aus dem Gälischen und bedeutete ursprünglich »Wasser des Lebens«. Die Diskussion, ob es nun »Whisky« oder »Whiskey« heißt, soll angeblich schon Menschenleben gefordert haben. Dabei ist die Antwort einfach: In Schottland heißt es Whisky, in Irland und Amerika dagegen Whiskey. Bis zu Beginn des 20. Jahrhunderts hieß er übrigens auch in Schottland Whiskey. Aber eigensinnig wie das Inselvolk nun mal ist, wollte es sich von den Konkurrenten absetzen und strich einfach den letzten Buchstaben. Die Kanadier sind unschlüssig: Dort heißt es mal so, mal so.

- **Schottischer Whisky (Scotch):** Das gemälzte Gdetreide wird vorwiegend über Torffeuer gedarrt, wodurch es eine rauchige Note erhält. Es wird kein Mais dafür verwendet. Wird üblicherweise zweimal destilliert.
- **Irischer Whiskey:** Das Malz wird nicht über Torffeuer gedarrt, dadurch ist der Geschmack milder. Es wird zwar ebenfalls kein Mais verwendet, dafür aber Hafer. Er wird dreimal destilliert.

Seit einigen Jahren wird Whisky übrigens auch in Österreich hergestellt.

Kleines Spirituosen-Glossar

- **Spirituosen:** Mindestalkoholgehalt 15 %vol. (Ausnahme Eierlikör: 14 %vol.)
- **Brand:** aus vergorenen Flüssigkeiten oder vergorenen Maischen zuckerhaltiger Rohstoffe hergestellt und nicht aromatisiert
- **Weindestillat:** aus Wein destilliert
- **Trester**: aus vergorenem und destilliertem Traubentrester; die Bezeichnung »Grappa« ist italienischen Erzeugnissen vorbehalten.

• **Obstbrand:** durch alkoholische Gärung und Destillieren einer frischen, fleischigen Frucht oder des frischen Mostes dieser Frucht gewonnen

• **Obstler:** aus den Maischen zweier oder mehrerer Obst-, Beeren- bzw. Gemüsearten destilliert

• **Rum:** Brand aus Rohrzuckermelasse, Rohrrohzucker oder anderen Rückständen der Zuckerrohrverarbeitung

• **Bierbrand:** aus Bier durch Destillation gewonnen

• **Geist:** (zuckerarme) Früchte, die mit Ethylalkohol versetzt und nach einer gewissen Einwirkungszeit destilliert werden

• **Likör:** gesüßte Spirituose

• **Korn bzw. Kornbrand:** Getreidespirituose, die aus vergorener Maische aus dem vollen Korn von Weizen, Gerste, Hafer, Roggen oder Buchweizen durch Destillieren gewonnen wird

VERKOSTUNGSTIPPS FÜR SPIRITUOSEN

- **Am besten eignet sich ein tulpenartiges Schnapsglas, da sich die Aromen nicht so rasch verflüchtigen und eher im bauchigen Bereich hängen bleiben.**
- **Schwenken Sie das Glas, um Farbe und Schlierenbildung deutlich zu sehen.**
- **Riechen bzw. schnüffeln Sie zuerst am Glas, um den typischen Geruch zu erkennen.**
- **Nehmen Sie einen ersten kleinen Schluck in den Mund und spülen Sie damit langsam die Mundhöhle, bevor Sie schlucken. Erst beim zweiten Schluck entfaltet sich der volle Geschmack bzw. der Abgang.**

- Führungen ✓
- Verkostung/Kostprobe ✓
- Shop ✓

19 ALMENLAND EDELBRENNEREI GRAF

Zeil 18 • 8171 St. Kathrein am Offenegg
T: +43 (0) 31 79/82 09,
+43 (0) 664 213 32 43
M: graf@almenland.at
W: www.almschnaps.at

Vor 15 Jahren begann Michael Graf neben der Land- und Forstwirtschaft mit der Edelbrennerei – mit Herzblut und der Qualität verpflichtet. Dabei reichen seine ersten Erfahrungen mit der Vogelbeere in seine Kindheit und Jugend zurück ...

Zunächst gibt es eine Einführung, was einen Edelbrand ausmacht, gleich darauf steht man schon umgeben von Fässern direkt vor der Brennanlage, die mit Holz befeuert wird, und lauscht Details über die Arbeitsschritte von der Fruchtauswahl bis zum fertigen Destillat. Zu riechen gibt's einen Vorlauf und einen Mittellauf. Wie sich Letzterer im Aroma und Geschmack verändert, wenn er auf Trinkstärke gesetzt wird, kann ebenfalls verfolgt werden.

Ob Hirschbirne, Schwarzkirsche oder Vogelbeere – in welcher Zeit sich die einzelnen Sorten während der Lagerung in unterschiedlichen Fässern bis zum Hochgenuss entwickeln ist ebenso Teil des theoretischen Programms.

Zur Praxis geht es ins 350 Jahre alte »Schwoaghoferhaus«. Es folgt eine Einführung in das richtige – also genussvolle – Schnapsverkosten. Temperatur, Glasform, Zeit und Schluckanzahl sind Kriterien. Auch die Verkostungsreihenfolge ist beim Hochgeistigen relevant. So beginnt man stets mit Bränden aus Kernobst.

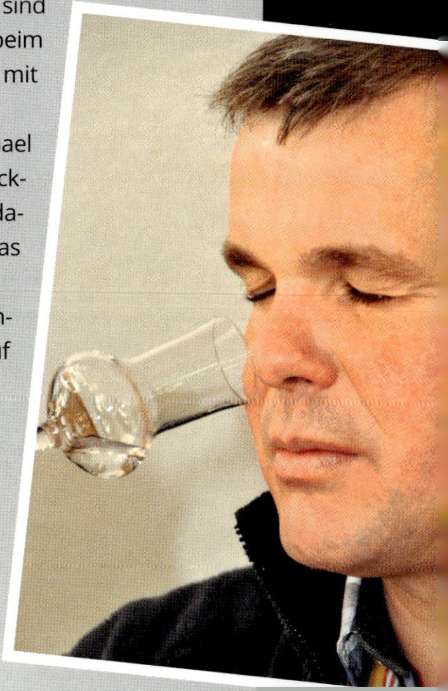

Mit ansteckender Begeisterung erzählt Michael Graf von den Raffinessen der Natur, der Entwicklung der regionalen Wertschöpfungskette und davon, wie energiespendend es ist, etwas zu tun, das wirklich Freude macht.

Im Sommer finden die rund eineinhalbstündigen Führungen immer freitags statt, sonst auf Anfrage

FAZIT

Hochprozentig sehenswert! Für Feinspitze – aber unprätentiös. Ausgesprochen kompetent.

- Interaktiv ✓
- Führungen ✓
- Verkostung/Kostprobe ✓
- Shop ✓

20 ALT WIENER SCHNAPSMUSEUM

Wilhelmstraße 19–21
1120 Wien
T: +43 (0) 1/815 73 00
M: office@schnapsmuseum.com
W: www.schnapsmuseum.com

Räumlichkeiten mit alter Kassa, Marmorplatte, Fotos und Urkunden versetzen den Besucher mit einem Schritt in die Vergangenheit. Der Wiener Familienbetrieb begann 1875 mit einem Kaufmannsladen. 1902 gründete die Familie Fischer eine Likör- und Fruchtsäftefabrik und belieferte mit ihren Produkten die k. u. k. Monarchie.

Bis heute werden Brände, Geist und Liköre hergestellt. 1990 wurde das Schnapsmuseum eröffnet, das sein Angebot wie folgt beschreibt: »Schnaps und Wiener Schmäh! Spaß bei launiger Führung und umfangreicher Verkostung«.

Das trifft es in der Tat. Hauptkern ist die Familiengeschichte, eingebettet in ein Stück Wiengeschichte. Das bedeutet zahlreiche Anekdoten, aber auch interessante Fakten über Schnaps, Likör, Brand und Geist. Auch Fragen à la »Wie viele Dotter müssen in einem Liter Eierlikör enthalten sein, um als solcher deklariert zu werden?« oder »Was ist der Unterschied zwischen Brand und Geist?« werden hier aufgegriffen. Technische Details über das Schnapsbrennen werden allerdings nicht detailliert erläutert.

Eine Riechprobe sowie die Verkostung zahlreicher aktueller Produkte holen die Besucher in die Gegenwart zurück.

FAZIT

Eine kurzweilige, originelle, sympathische Stunde!
Eine Führung inkl. Degustation gibt es nur bei Voranmeldung. Einzelpersonen können sich aber einer Gruppe anschließen.

- Führungen ✓
- Verkostung/Kostprobe ✓
- Shop ✓

21 DESTILLERIE WEUTZ

8505 St. Nikolai im Sausal 6
T: +43 (0) 31 85/34 4 40
M: destillerie@weutz.at
W: ww.weutz.at

Was für Michael Weutz als Hobby begann, ist zum Beruf gewachsen. In St. Nikolai im Sausal renovierte die Gemeinde ein über hundert Jahre altes Winzerhaus, ließ dabei Altes bestehen und Neues architektonisch überzeugend hinzufügen, um es dann für eine Whiskybrennerei zur Verfügung zu stellen. Seit 2006 kreiert Michael Weutz an diesem Ort seine Destillate.

Zu Beginn der rund einstündigen Führung werden die fünf Schritte vom Getreide zum lagerfähigen Whisky erklärt. Weil Bier und Whisky auf denselben Rohstoff – Malz – zurückgreifen, kooperiert Weutz mit dem Flamberger Bierbrauer Michael Löscher. Die erste Station, die Malzproduktion, liegt in seinen Händen. Dann wird nach dem schottischen Prinzip destilliert. Zu sehen ist die gesamte Anlage von der Malzmühle bis zum Maischbottich, zu den Gärtanks und zur Brennanlage.

Im Fasskeller werden Kriterien und Charakteristika einzelner Whiskysorten wie des Single Malt oder des Origin Spelt diskutiert. Auch wie sich Lagerdauer, Größe des Fasses, Holzart und Intensität des Toastings auf Farbe, Geschmack und Preis auswirken, wird geklärt. »Hot Stone« ist übrigens eine Spezialität des Hauses.

Zum Abschluss gibt es an der Bar in der Lounge eine Verkostung quer durchs Angebot. Zum Verkosten kann man übrigens immer kommen, Führungen werden bei Voranmeldung ab fünf Erwachsenen gehalten.

FAZIT

Ausführliche und kompetente Erklärungen zum Prinzip der Whiskyproduktion. Ein interessanter und kurzweiliger Exkurs in eine flüssige Getreidekammer!

Niederösterreich

Interaktiv ✓
Führungen ✓
Verkostung/Kostprobe ✓
Shop ✓

22 MOSTELLERIA – EDELDESTILLERIE

3362 Öhling 35
T: +43 (0) 74 75/53 6 74
M: office@edelschnaps.at
W: www.mostelleria.at

In der Mostelleria ist man bei einem Weltmeister zu Gast! Josef Farthofers »O-Vodka« wurde 2013 bei der International Wine & Spirit Competition in London unter 2400 Einreichungen als weltbester Wodka prämiert. Die Mostviertler Edeldestillerie zählt damit zu den besten Brennereien der Welt.

Ein Herzstück des Farthoferschen Betriebs aber ist der Mostello – ein spezieller Birnendessertwein. In fünfter Generation brennen die Farthofers nun schon Schnaps. Als Brennmeister Josef V. die Tradition übernahm, wollte er ein Produkt herstellen, das es in dieser Form noch nicht gab. Drei Jahre lang experimentierte er, bis der Mostello geboren war – eine Komposition aus Birnenwein und Destillat, die nach dem Vorbild der Portweine hergestellt wird und mehrere Jahre in Eichenfässern reift. Auch er wurde ausgezeichnet – als bester Dessertwein im Rahmen des BioWeinCup 2008.

Der Besuch im Kellerhaus der Mostelleria beginnt mit einem interaktiven Film über die Entstehung und Entwicklung des Mostello. Man erfährt mehr über die Familiengeschichte, die Geschichte vom Most, die Mostbirnregion und die Mostbarone der Gegend. Weiter geht es in die Destillerie, wo die Gastgeberin den Brennvorgang schildert. Alle Spirituosen hier sind Bioprodukte und alle Früchte werden vor dem Einmaischen entkernt, die Mostbirnen sogar vom Stiel befreit. Dann darf man ins »Schlafzimmer« des Mostello: in die Reife- und Ruhekammer. Dort kann der einzigartige Dessertwein direkt aus dem Barriquefass verkostet werden. Den Abschluss bildet der Verkaufsshop, wo an der Designbar schließlich alle weiteren Produkte des Hauses zur Verkostung bereitstehen.

FAZIT

Weltmeisterlicher Schnapsgenuss in jener Destillerie, die nicht nur Staats- und Weltmeister hervorbringt, sondern auch Österreichs umfangreichste Auswahl an biologischen Edelbränden beherbergt.

23 WHISKY-ERLEBNISWELT

- Interaktiv ✓
- Führungen: auf Anfrage
- Verkostung/Kostprobe ✓
- Shop ✓
- Gastronomie ✓

3664 Roggenreith 3
T: +43 (0) 28 74/74 96
M: haider@roggenhof.at
W: whiskyerlebniswelt.at

Die Destillerie J. Haider ist die erste Whiskydestillerie Österreichs. Seit 1995 arbeitet die Familie an und mit dem Kultgetränk und 2005 schließlich wurde die Whisky-Erlebniswelt für Besucher geöffnet.

Den Beginn macht ein Film im Kinosaal, der die Geschichte des Roggenreither Whiskys sowie der Familie Haider erzählt. Auf der einen Seite gibt eine Glasfront den Blick frei auf das »Tausend-Eimer-Lager«, gegenüber ist eine alte Whiskybrennerei nachgestellt. Wer möchte, kann hier außerdem verschiedene Roggen- und Gerstenmalz-Vorstufen in die Hand nehmen, daran riechen oder die Farbunterschiede vergleichen. Dann wird auch schnell klar, woher die Geschmacksunterschiede der hier produzierten Whiskysorten kommen – besonders eindrucksvoll beim »Special Rye Malt Peated«, bei dem das geröstete Roggenmalz über Waldviertler Torf geräuchert wird.

Unser Weg führt weiter in die Brennerei. Dort erwartet uns der Hausherr, Johann Haider, persönlich und schildert vor den eindrucksvollen Brennanlagen, wie es dazu kam, dass er zum Whiskypionier Österreichs wurde. Der Brennvorgang wird erklärt, man erfährt, weshalb die Anlagen verplombt sind oder wie oft etwa ein Whiskyfass befüllt werden kann. Nach der Theorie geht es in die Praxis. In einem alten, kleinen Kellergewölbe werden der erste Whisky, der Original Rye-Whisky, sowie ein Gläschen Likör verkostet. Es folgt eine Erklärung, weshalb Whisky immer bei Zimmertemperatur genossen werden soll. Wer dann noch nicht genug hat, kann in der nebengelegenen Whisky-Lounge gegen einen geringen Kostenbeitrag noch weitere Whiskysorten im Vergleich kosten.

Eine Einkaufsmöglichkeit im Whisky-Shop, der Besuch des Cafés oder ein Rundgang im eigens gestalteten Feuer-Wasser-Garten mit Feuerarena und einem keltischen Lebensbaumkreis runden den Besuch in der Whisky-Erlebniswelt ab.

FAZIT

Für Whiskyinteressierte und -liebhaber tatsächlich ein Erlebnis!

terien sind, die aus Alkohol Essig machen. Diese leben an der Oberfläche der alkoholischen Flüssigkeit und wandeln Alkohol mithilfe von Sauerstoff in Essigsäure um. Mit der Zeit bilden diese Bakterien eine gallertige Haut – die sogenannte Essigmutter.

Kleine Essigkunde

Chemisch betrachtet ist Essig nichts anderes als eine Mischung aus Wasser, Essigsäure und natürlichen Farb- und Aromastoffen. Grundsätzlich werden zwei Arten von Essigen unterschieden: Gärungsessig und Säureessig.

Zu den Gärungsessigen zählen – je nach Ausgangsprodukt – Weinessig, Obstweinessig, Trester-, Bier-, Malz-, Honig-, Molken- sowie Weingeistessig.

Säureessig wird lediglich durch Verdünnung von konzentrierter Essigsäure mit Trinkwasser hergestellt.

Ansatzessige werden jene Essige genannt, bei denen der Grundessig mit Kräutern, Früchten oder Blüten versetzt wird, sodass deren Aromen und Inhaltsstoffe in den Essig übergehen. Ein solcher Ansatzessig ist auch einfach selbst herzustellen: Nehmen Sie beispielsweise eine Flasche Weißweinessig, fügen Sie eine Handvoll frischer Kräuter hinzu, lassen Sie alles zwei bis drei Wochen verschlossen stehen und filtern Sie dann die Kräuter ab.

Spannend für Eigenversuche ist beispielsweise die Herstellung eines Fichten- bzw. Tannenspitzenessigs: Die jungen Triebe werden im Frühling gesammelt, wenn sie noch hellgrün sind. Pro Liter Essig werden rund 20 Fichten- oder Tannentriebe benötigt. Die Ziehzeit beträgt nur ein bis zwei Wochen.

Essig für den Senf

Wussten Sie, dass Essig eine Basiszutat für die Senfherstellung ist? Je nach verwendeter Essigsorte kann man dadurch charakteristische Geschmacksrichtungen erzielen. Traditionell wird der Senf mit Traubenmost vermischt, was vom lateinischen mustum ardens (brennender Most) über das altfranzösische mostarde zum deutschen, heute nur noch landschaftlich gebrauchten Namen Mostrich oder Mostert und zum englischen mustard führte.

Zur Senfherstellung werden die gereinigten Senfkörner zuerst geschrotet und meist anschließend entölt. Der Schrot wird dann mit den übrigen Zutaten vermischt und der entstandenen Maische Zeit zum Fermentieren gegeben – dadurch erzielt man das typische Aroma. Anschließend wird der Brei, je nach

Sorte, zu einer mehr oder weniger glatten Paste vermahlen. Die Temperatur darf hier 50 °C nicht übersteigen, damit die ätherischen Öle erhalten bleiben.

Bei einem zweiten, historischen Verfahren wird die Maische zwischen schweren Steinen, meist Granit oder Basalt, vermahlen. Im Zuge dieses sogenannten »Kaltvermahlungsverfahrens« steigt die Temperatur der Masse nicht über 27 °C. Bei der industriellen Herstellung wird die Masse durch geschlossene, wassergekühlte Mahlwerke vermahlen, wodurch keine ätherischen Öle entweichen können und die Masse nicht über 20 °C erhitzt. Danach muss der Senf noch einige Stunden gelagert werden, weil er ansonsten noch zu dünnflüssig für die industrielle Abfüllung wäre. Die Endreife erreicht Senf dann im Glas oder in der Tube. Frisch abgefüllter mittelscharfer Senf ist übrigens noch zu scharf, er muss deshalb noch einige Wochen lagern, bis er diese Schärfe abgebaut hat.

VERKOSTUNGSTIPPS FÜR ESSIG

Essig ist nicht nur sauer, sondern weist noch viele andere Eigenschaften auf.

Für Ihre Essigverkostung können Sie aus nachfolgenden Begriffen wählen:
AUSSEHEN: klar, Farbintensität, Farbton (z. B.: Strohgelb, Goldgelb, Gelb, Bernsteinfarben, Rot, Ziegelrot, Tiefbraun ...), leuchtende Farbe, optische Dichte – bei naturtrüben Essigen ist eine Trübung übrigens sogar erwünscht.

GERUCH: Geruchsintensität, süßlich, Säure, stechend, blumig, fruchtig (z. B. Rosinen, Zitrus, Apfel, Kokos, rote Früchte), Vanille, Gewürznelken, Bittermandeln, Kräuter, holzig, weinig, alkoholisch (Brandy/Sherry), medizinisch, Leder

GESCHMACK: Geschmacksintensität, salzig, Säure, süß, anhaltend sowie retronasale (über die Verbindung von Mund und Nase wahrgenommene) Aromen (holzig, fruchtig ...)

Steiermark

24 ESSIGMANUFAKTUR OSWALD/SCHAFFER

Führungen ✓
Verkostung/Kostprobe ✓
Shop ✓

Rossegg 27 • 8191 Koglhof
T: +43 (0) 680 126 20 01
M: office@essigmanufaktur.at
W: www.essigmanufaktur.at

Erstens kommt es anders, zweitens als man denkt. So ist es oft im Leben. Auch im Leben von Thomas Schaffer und seiner Frau Beate. Als Physiker und Chemiker in der Spitzenforschung tätig, war das Arbeitspensum für Thomas Schaffer mit der Zeit enorm. Der Zufall wollte es, dass er zur selben Zeit wie seine Frau in ein Burn-out schlitterte und sein (Berufs)Leben völlig neu gestalten musste bzw. wollte. Nachdem er bereits während der Schulzeit – erfolgreich – mit Essig experimentiert hatte und die Eltern von Beate im steirischen Naturpark Almenland einen landwirtschaftlichen Betrieb führten, war die Lösung rasch gefunden: Er wollte Essig produzieren.

Physik und Chemie ist Thomas Schaffer treu geblieben, ist beides doch auch wichtig für die Essigproduktion und den Betrieb der Anlagen. Als Heimat für die Essigkulturen wurde in mühsamer Bauarbeit ein altes Haus aus dem 18. Jahrhundert revitalisiert. Es ist wahrscheinlich die kleinste Essigmanufaktur: Die Produktion erfolgt auf 62 m^2!

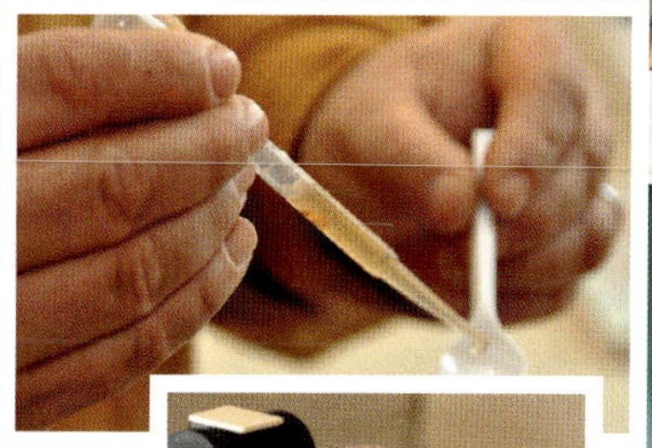

Die Führung beginnt mit einem Vortrag in einer gemütlichen alten Holzstube. Die Besucher sitzen übrigens auf dem Essiglager: Holzbretter, die über Kisten mit Essigflaschen gelegt sind, dienen als Sitzbänke. Dort wird auch eine echte Essigmutter gezeigt. Allerdings »arbeitet« diese nicht mehr, sondern verdient sich ihre Daseinsberechtigung nun als »Model« für die Besucher. In der Stube erfahren wir auch, dass praktisch alle Zutaten für die rund 25 Essigsorten vom eigenen Hof stammen. Na ja, nicht ganz: Die Birnen und der Holler stammen von Nachbarn und die Wildfrüchte sammeln die Schaffers selbst. Selbst Hand anzulegen ist ihnen wichtig, bis hin zur Etikettierung wird hier tatsächlich alles in Handarbeit erledigt. Es bleibt aber nicht nur bei der Theorie. Nur wenige Schritte sind es bis zum »Essigkeller«, wo die Gär- und Reifetanks stehen. Und noch einmal wenige Schritte bis zum hauseigenen »Labor« (als Chemiker macht Schaffer die Analysen natürlich selbst) und zum Abfüll- und Etikettierplatz. Am Schluss steht selbstverständlich die Essigverkostung.

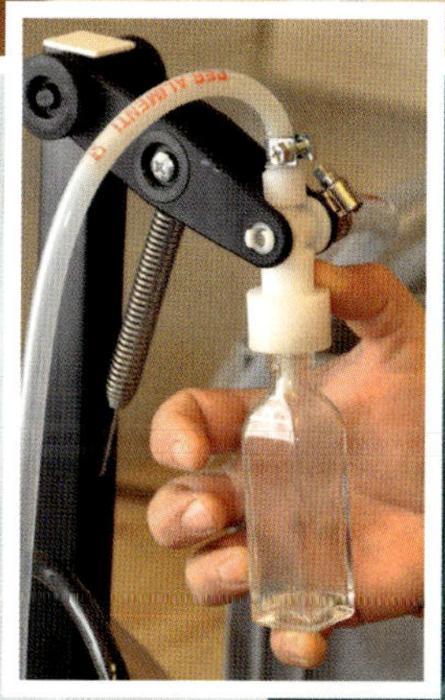

FAZIT

»Genuss am Leben« ist nicht nur Logo-Bestandteil der Essigmanufaktur Oswald/Schaffer, sondern wird in diesem Familienbetrieb tatsächlich gelebt. Ein Genuss ist demnach auch die Führung!

Steiermark

Führungen ✓
Verkostung/Kostprobe ✓
Shop ✓

25 ESSIGZENTRUM FISCHERAUER

8212 Pischelsdorf 156
T: +43 (0) 676 636 19 13
M: office@essig.at
W: www.essig.at

Im oststeirischen Pischelsdorf ist Andreas Fischerauer zu Hause. Er produziert hier in einem der modernsten Betriebe Europas Essig und Senf. Bis vor Kurzem nur als »Hobby« neben seinem Job als Unternehmensberater, seit 2013 ist er Vollzeit-Essig-und-Senf-Macher.

Als Lebensmitteltechnologe weiß Andreas Fischerauer um die Vorgänge, die aus den jeweiligen Ausgangszutaten schließlich Essig und Senf werden lassen, bestens Bescheid. Das geht auch aus seinen umfassenden und detaillierten Erklärungen hervor.

Nachdem Fischerauer 1996 freizeitmäßig mit der Essigproduktion begonnen hatte, kam im Jahr 2000 die Senferzeugung dazu. Weil ihm Transparenz, Qualität und Qualitätsbewusstsein besonders am Herzen liegen, hat er 2012 die »Gläserne Manufaktur« eröffnet. Dort kann er nun endlich allen Interessierten ohne Platzmangel erklären und zeigen, was guten Essig und Senf ausmacht, welche Zutaten welche Funktion übernehmen und warum Essig heute nicht mehr ausschließlich mittels Essigmutter erzeugt wird.

Zum Finale der Führung geht es an die Verkostung. Über 40 Sorten Senf und an die 30 Essigsorten entstehen in der Manufaktur! Da ist die Qual der Wahl groß. Abhilfe schafft einerseits die Beratung des Chefs, andererseits die Verkostung.

Auch Nachhaltigkeit ist für Fischerauer ein großes Thema; daher setzt er auf heimische, regionale Zutaten. So kommt in der Senferzeugung nur eine einzige Zutat nicht aus Österreich, nämlich Kurkuma, die Gelbwurz. Der Betrieb verfügt außerdem über eine eigene Regenwasserzisterne für die Kühlung der Essiganlagen und für Brauchwasser. Der Verkaufsraum wird durch die Abwärme aus den Essiganlagen geheizt und zwei Fotovoltaikanlagen sichern fast zur Gänze den Eigenstrombedarf.

FAZIT

Kompetent, äußerst spritzig und witzig führt der Chef persönlich durch die Produktion. Die Essig- und Senfverkostung am Ende ist sensationell gut!

Steiermark

Führungen ✓
Verkostung/Kostprobe ✓
Shop ✓

26

GÖLLES – MANUFAKTUR FÜR EDLEN BRAND UND FEINEN ESSIG

Strang 52 • 8333 Riegersburg
T: +43 (0) 31 53/75 55
M: obst@goelles.at
W: www.goelles.at

Mitten im »Obstgarten Österreichs«, im Herzen der Südoststeiermark, wird Obst auf kulinarisch ansprechende Weise haltbar gemacht. Dass Essig und Schnaps unter einem Dach produziert werden, macht Sinn, ist die Grundzutat doch da und dort die gleiche. Bereits die dritte Generation ist hier in der Obstverarbeitung am Werk. Rund ein Drittel der verarbeiteten Obstmenge stammt aus eigenem Anbau, der Rest wird aus der Umgebung zugekauft. Maschanzker, Kriecherln, alte Hauszwetschken, Saubirnen und Williamsbirnen – alte Sorten sind hier nicht nur ein Schlagwort.

Gut Ding braucht Weile. Apfel- und Birnenbalsamessig liegen mindestens acht Jahre im Eichenfass. Das schmeckt man auch! Und der Essig bekommt auch empfindlichen Mägen. Der Essigkeller gleicht mit seiner großen Zahl an Fässern einem voluminösen Weinkeller, der Duft unterscheidet sich allerdings. Zudem zeigt die Familie Gölles die Essigherstellung im Essigkeller charmanterweise in Form eines Videos.

Schauplatzwechsel: Zur Verkostung geht es in den Degustationsraum. Dort wird nicht nur gekostet, sondern zuerst einmal geschaut. Wie sieht eine Essigmutter aus? Wie unterscheidet sich lange gelagerter Essig (bis zu 20 Jahre!) optisch von jungem? Eine beeindruckende Demonstration. Dann wird aus der großen Essigvielfalt gekostet. Der eine oder andere Tipp zur Verwendung in der Küche wird en passant mitgeliefert. Etwa, dass sich Quittenessig hervorragend als Ersatz für Zitronensaft eignet.

Ab geht's zum Hochprozentigen: Neben der Besichtigung der Destillieranlage wird auch hier Wert darauf gelegt, den Besuchern ein tieferes Verständnis für die hochqualitative Herstellung von Edelbränden zu vermitteln. In einem Video wird der gesamte Herstellungsprozess genau skizziert. Was unterscheidet Brand, Geist, Schnaps? Wie viele Kilogramm Himbeeren landen in einem Liter Brand, wie viele sind für einen Liter Himbeergeist notwendig? Am Vorlauf, der verworfen wird, kann gerochen werden. Destillate stehen zur Verkostung bereit – und zwar in tollem Ambiente, umgeben von Glasballons voller Edeldestillaten.

FAZIT

Was macht ausgezeichnete Qualität von Essig und Edeldestillaten aus? Nach einem Besuch bei Gölles weiß man darüber gut Bescheid. Wer sich vorher noch wenig mit der Herstellung auseinander gesetzt hat, dessen Wertschätzung wird für beide Produkte deutlich steigen. Unser Prädikat: kostbar im doppeldeutigen Sinne!

VOM LAMPEN- UND SCHMIERÖL ZUR GEFRAGTEN SPEZIALITÄT

»Um einen guten Salat anzurichten, braucht man vier Charaktere: einen Verschwender für das Öl, einen Geizhals für den Essig, einen Weisen für das Salz, einen Narren für den Pfeffer.«
(François Coppée, französischer Schriftsteller)

Hochwertige kalt gepresste Pflanzenöle sind aus der gehobenen Küche heute nicht mehr wegzudenken. Das war nicht immer so. Noch bis ins Industriezeitalter spielten im nördlichen Alpenraum tierische Fette wie Butter, Schweinefett, Rinder- und Schaftalg die Hauptrolle. Nur in seltenen Fällen wurden sie durch Lein-, Leindotter-, Rübenkern-, Hanf- oder Mohnöl ergänzt, ganz rar waren Wal- und Haselnussöle.

Spezielle Pflanzenöle werden zum Standard

Dieser Wandel ist nicht zuletzt auf die gesundheitlich vorteilhafteren Eigenschaften der Pflanzenöle zurückzuführen. Besonders Leinöl punktet mit seinem hohen Gehalt an Omega-3-Fettsäuren. Leindotteröl ist mit Leinöl übrigens nicht verwandt, auch wenn der Name darauf hinzudeuten scheint. Während Lein (Flachs) eine Gattung der Leingewächse ist, gehört Leindotter zu den Kreuzblütlern, zu denen auch Raps, Kohl, Senf oder Kren zählen. Seinen Namen hat er aus einem ganz anderen Grund: Er wächst nämlich bevorzugt als Unkraut in Leinkulturen. Dennoch hat dieses Unkraut seinen Weg in die Spitzengastronomie gemacht: Sein Geschmack ist unverkennbar! Wer schon einmal Erbsen frisch aus der Schote in Großmutters Garten genascht hat, hatte damit gleichzeitig und ohne es zu wissen den Geschmack von Leindotteröl im Mund.

Wissen Sie, dass beim Ausdruck »Das geht runter wie Öl« gar nicht Öl, sondern Bier gemeint ist? Es bezeichnet nämlich den Abgang des herben Getränks, das im dänischen Øl und im englischen Ale heißt.

Ein Tipp: Weil Leinöl aufgrund des hohen Gehalts an mehrfach ungesättigten Fettsäuren sehr licht- und luftempfindlich ist, wird es schnell ranzig. Die wenigsten wissen jedoch, dass Leinöl auch eingefroren werden kann. Einfach in ein flaches, verschließbares Gefäß gießen und ab in den Tiefkühler. Bei Bedarf die gewünschte Menge mit einem Löffel aus der nun geleeartigen Masse entnehmen. Leinöl friert nämlich nicht fest, weil es schon zwischen -20 und -16 °C schmilzt.

Von Galgenstricken, Mohnzuz und Ölmalerei

Von weit größerer Bedeutung als heute waren früher Hanfsamen. Sie galten ursprünglich als Abfallprodukt bei der Herstellung von Hanffasern, aus denen Textilien und auch Galgenstricke (!) erzeugt wurden. Wann das Potenzial von Hanfsamen für die Ölerzeugung entdeckt wurde, ist nicht bekannt, gewonnen wurden sie aber schon seit Urzeiten und ähnlich wie Leinsamen unter Breie und Brotteige gemischt. Ja, und die Verwendung von Hanf als halluzinogene Droge dürfte manchem nicht unbekannt sein. Hanföl ist jedoch völlig unbedenklich.

Falls im nördlichen Alpenraum einmal ein Pflanzenöl auf den Tisch kam, war das bis weit ins 19. Jahrhundert hinein vor allem das Mohnöl. Schon im 13. Jahrhundert begannen Waldviertler Mönche Mohn als Heil- und Ölpflanze anzubauen. Darauf ist wohl auch die Bekanntheit des kostbarsten Mohnöls aus dem Waldviertler Graumohn zurückzuführen. Zwischenzeitlich in Vergessenheit geraten, wurde dieser in den 1980er-Jahren für die gehobene Küche wiederentdeckt.

Früher enthielt Speisemohn noch beträchtliche Mengen an Opioiden, was im bäuerlichen Milieu der Mohnanbaugebiete zur Beruhigung von Säuglingen genutzt wurde. Mohnsamen wurden in Milch aufgekocht, in ein Leinenfleckchen gebunden und dieser sogenannte »Mohnzuz« oder »Mohnschnuller« den Kindern dann zum Saugen gegeben, die sich daraufhin durch die Wirkung der Opioide beruhigten.

Wussten Sie, dass Mohnöl zu den sogenannten trocknenden Ölen zählt und daher, ähnlich wie Leinöl, zur Farbherstellung für die Ölmalerei geeignet ist? Nicht nur das, Mohnöl wurde früher auch zur Herstellung von Öl- bzw. Wachspapier verwendet. Dies ist meist holzfreies Papier, das mit weißem Wachs oder Paraffin getränkt wurde; im Mittelalter wurde dafür auch Schweineschmalz oder eben Mohnöl verwendet.

Eine Mutation beschert uns grünes Gold

Das bekannteste österreichische Öl ist wohl das Kürbiskernöl. Wir verdanken es einer Mutation, durch die eine Kürbisart mit Samen entstand, die keine verholzende Schale mehr tragen. Die damit verbundene höhere Ausbeute ermöglichte die Kürbiskernölerzeugung im großen Stil. Dennoch blieb das Kürbiskernöl bis weit nach dem Zweiten Weltkrieg eine lokale Spezialität. Den Siegeszug hat es erst in den 1970er- und 1980er-Jahren angetreten. Heute wird Steirisches Kürbiskernöl sogar in Hamburg, Berlin, London und New York zu Höchstpreisen gehandelt.

Ein Tipp: Kleidung mit Kürbiskernölflecken müssen Sie übrigens nicht waschen, sondern einfach in die Sonne legen – die Flecken verschwinden dann von alleine.

Ein Lampenöl wird zum Genuss

Mit dem Rapsöl hat sich in unseren Breiten in den vergangenen Jahrzehnten ein weiteres Öl als Speiseöl etabliert. Früher wurde es allenfalls in Notzeiten als Lebensmittel verwendet. Schuld war der hohe Gehalt an ernährungsphysiologisch bedenklicher Erucasäure, die den kratzig-beißenden Geschmack verursachte. Daher wurde es als Schmier- und Lampenöl sowie für die Seifenerzeugung verwendet. Moderne Züchtungen konnten deren Gehalt deutlich senken, sodass nicht raffiniertes Rapsöl heute ein beliebtes Speiseöl geworden ist.

»Öl ins Feuer gießen« bedeutet, jemanden zu provozieren bzw. einen schwelenden Streit oder Konflikt zum Ausbruch zu bringen. Woher kommt der Ausdruck? Nun, Öl ist eine leicht brennbare Flüssigkeit. Wenn Öl ins Feuer gegossen wird, lodern die Flammen auf.

Im Öl

Als italienische Antipasti kennt man es: in Öl eingelegtes Gemüse. Warum funktioniert das so gut? Weil die Lebensmittel durch das Öl vor Mikroorganismen geschützt werden. Es verhindert nämlich, dass Sauerstoff aus der Luft zum eingelegten Lebensmittel gelangt. Und weil z. B. Schimmelpilze Luft zum Wachsen brauchen, schimmeln in Öl eingelegte Lebensmittel nicht. Trotzdem lässt sich der Verderb nicht gänzlich aufhalten, sodass in der Regel das Einlegen zusätzlich mit anderen Konservierungsverfahren kombiniert wird: Tomaten werden zuerst getrocknet und dann erst in Öl eingelegt. Beim Einlegen von Lebensmitteln in Öl dürfen sich keine Luftblasen bilden, deshalb Öl und Lebensmittel abwechselnd einfüllen und dicht schichten. Die Lebensmittel sollten am Ende etwa zwei Zentimeter hoch mit Öl bedeckt sein sowie kühl und dunkel gelagert werden. Auf diese Weise sind sie drei bis vier Monate haltbar. Ob allerdings der Ausdruck »jemand ist im Öl« für einen Betrunkenen daher rührt, konnte nicht eruiert werden.

VERKOSTUNGSTIPPS FÜR ÖLE

Falls Sie für die Ölverkostung einen kleinen Verkostungsbecher erhalten, gehen Sie am besten so vor: Den Becher mit einer Hand verschließen und mit der anderen Hand anwärmen. Durch das Anwärmen steigen die flüchtigen Aromen auf, können durch Ihre Hand aber nicht entweichen. Ziehen Sie dann die Hand weg und riechen (schnüffeln) Sie daran. Beim Kosten den gesamten Mund auskleiden!

27 HANFLAND

2136 Hanfthal 72
T: +43 (0) 699 122 09 256
M: hans.schmidt@hanfland.at
W: www.hanfland.at

Führungen ✓
Verkostung/Kostprobe ✓
Shop ✓

Im niederösterreichischen Ort Hanfthal dreht sich – nomen est omen – alles um den Hanf. Doch nicht so, wie Sie nun vielleicht denken mögen. Hier steht Nutzhanf im Zentrum. Hanf, der nur mehr Spuren von THC, jenes berauschenden Stoffes, der ihm sein zweifelhaftes Image verpasst hat, enthält. Somit ist es seit 1995 landwirtschaftlichen Betrieben erlaubt, Faser-, Industrie- oder Lebensmittelhanf anzubauen. Dass dies in Hanfthal bereits lange vor 1995 der Fall war, lässt sich aus dem Ortsnamen – im Jahre 1149 erstmals als »Haniftal« erwähnt – ablesen.

Einige Engagierte nahmen die 850-Jahr-Feier des Ortes zum Anlass, sich näher mit der Pflanze abseits des Gebrauchs als Droge zu beschäftigen. Im Zuge der Feier wurde eine Hanfausstellung aufgebaut, deren Exponate heute das Hanfmuseum bilden. Dieses Museum ist eine von mehreren Stationen auf dem rund vier Kilometer langen »Hanferlebnispfad«. Dieser führt durch den Ort, ein Rundangerdorf mit malerischen Kellergassen.

Zu Beginn der geführten Tour wartet ein Führer beim Hanfwirt am Ortseingang auf die Teilnehmer. Von dort geht es von einer Schautafel zur nächsten bis zur letzten Station, dem Hanfshop, wo die unterschiedlichsten Hanfprodukte – vom Hanfnussöl über »Grünen Hanif« (Weinviertler DAC-Wein mit dem Aroma von Hanfblüten) bis zum Knabberhanf – verkostet werden können. Der Erlebnisweg kann zu Fuß, mit dem Fahrrad, auf einem Nostalgietraktor oder mit einer Pferdekutsche absolviert werden.

Vor jeder Schautafel erläutert der gut informierte Führer auf lebendige und unterhaltsame Weise die zahlreichen Bedeutungen des Hanfs, seine Geschichte, Botanik, die Verwendung als Droge und in der Medizin und viele weitere Verwendungsmöglichkeiten. Diese gehen weit über jene als Nahrungsmittel hinaus. So können aus Hanfstroh natürliches Dämmmaterial oder Papier, Gartenmulch, Textilien oder Kosmetikartikel erzeugt werden.

FAZIT

Die Hanferlebnistour erweitert das Bild vom Hanf deutlich.

Niederösterreich

Führungen ✓
Verkostung/Kostprobe ✓
Shop ✓

28 HANFWELT RIEGLER-NURSCHER

Straß 1 • 3243 St. Leonhard am Forst
T: +43 (0) 27 56/80 96
M: office@hanfwelt.at
W: www.hanfwelt.at

Am Biobauernhof der Familie Riegler-Nurscher wird bereits seit 1996 Hanf angebaut und weiterverarbeitet. Aus der Hanfpflanze wird dort neben Hanföl, Schälhanf auch – vom »Franz Josef Bräu« gebrautes – Hanfbier produziert. Ein Schaugarten führt den Jahresablauf im Hanfanbau vom Anbau bis zur Ernte vor Augen.

Danach geht es durch die Ausstellung, die Geschichtliches zur Hanfpflanze und deren Produkten erzählt, schließlich bis in den Ölpressraum. Dort werden die Hanfnüsse mittels Schneckenpressen zu Öl verarbeitet. Ist die Presse gerade in Betrieb, kann der Pressvorgang live mitverfolgt werden.

Die nächste Station ist die Verarbeitungs- und Lagerhalle. Anhand der Etiketten erklärt uns Stefan Riegler-Nurscher das System der Rückverfolgbarkeit – jeder Liter Öl kann bis zum jeweiligen Hanfbauern zurückverfolgt werden. Die Eigenernte am Hof ist mittlerweile viel zu gering, um die gestiegene Nachfrage nach Hanf(öl) zu decken, daher arbeitet man mit zahlreichen Vertragsbauern von Oberösterreich bis ins Burgenland zusammen.

Da Familie Riegler-Nurscher auf ihrem Hof nicht nur Hanf anbaut, sondern auch an die 450 Freilandweidegänse, vier Weideschweine und 20 Biolegehennen beheimatet, wird auch bei den Gänsen Station gemacht, wo es Interessantes rund um deren Aufzucht und Haltung zu erfahren gibt. Im Bioladen schließlich, wo u. a. die hauseigenen Hanfprodukte angeboten werden, können die Produkte verkostet und auch gleich mit nach Hause genommen werden.

FAZIT

Es ist zu spüren, dass der jungen Bauernfamilie der verantwortungsvolle Umgang mit der Natur ein Anliegen ist und dass es sich um erfahrene Hanfbauern handelt.

Niederösterreich

29

MOHNMUSEUM

Haiden 11 • 3631 Ottenschlag
T: +43 (0) 28 72/74 49
M: info@mohnhof.at
W: www.mohnhof.at

Interaktiv ✓
Führungen ✓
Verkostung/Kostprobe ✓
Shop ✓

Heute werden im Waldviertel jährlich 200 bis 700 Hektar Mohn angebaut. Unter anderem vom Waldviertler Mohnhof in Ottenschlag, der zudem ein Mohnmuseum betreibt. Der Familienbetrieb Greßl zeigt darin, welch unterschiedliche Mohnsorten es gibt: 26 Gattungen mit über 260 Arten umfasst die Mohnfamilie! Dazu zählen beispielsweise der weiße Alpenmohn, der hohe Gartenmohn oder der Krummborstenmohn. Da sich Mohnpflanzen leicht verbreiten, sind sie heute in den Kalkalpen ebenso zu Hause wie im Mittelmeerraum oder im Himalayagebirge.

In Bild und Ton wird ein guter Einblick über das ganze Mohnjahr vermittelt. Das Museum ist interaktiv und kinderfreundlich gestaltet. Eine überdimensionale begehbare Mohnkapsel macht deren Innenleben buchstäblich begreifbar. Kinder können auch Mohn mahlen.

Wie Mohn kulinarisch verwendet werden kann und was es mit der Opiumecke auf sich hat, gilt es für Erwachsene zu ergründen. Zu sehen sind außerdem unzählige kleine Handmühlen. Führungen gibt es gegen Voranmeldung ab zehn Personen.

FAZIT

Ein Ausflug nach Ottenschlag lohnt sich auf jeden Fall! Mit Engagement, Herzlichkeit und großer Sachkenntnis wird den Besuchern ein Stück kulinarische Heimat nähergebracht. Mohnprodukte können auch verkostet werden.

Steiermark

Führungen ✓
Verkostung/Kostprobe ✓
Shop ✓

30 ÖLMÜHLE FANDLER

Prätis 1 • 8225 Pöllau
T: +43 (0) 33 35/22 63
M: info@fandler.at
W: www.fandler.at

Seit vier Generationen presst die Familie Fandler im Naturpark Pöllauer Tal Öl. Vom Klassiker, dem steirischen Kürbiskernöl, bis zum exotischen Macadamianussöl finden Liebhaber feinster Öle hier alles, was ihr Herz begehrt.

Dort, wo 1926 die Geschichte der Ölpresse begann, wird 2012 ein Traum der heutigen Eigentümerin Julia Fandler verwirklicht: Ein offenes Haus mit Schaupresse, modernem Verkaufs- und Präsentationsraum sowie einem Küchenblock für Kochkurse öffnet seine Pforten.

Beim Besuch erfahren Sie mehr aus der knapp 90-jährigen Geschichte des Hauses, erleben durch eine Glaswand, wie ein Pressmeister aus den Rohstoffen hochwertige Öle presst, und erhalten während der Verkostung Tipps und Hintergrundinformationen zu den erzeugten Produkten.

Die sechs Pressmeister im Haus sind teilweise schon über 28 Jahre hier beschäftigt. Das ist wesentlich, weil es gerade beim Rösten der Nüsse stark auf die Erfahrung und das Fingerspitzengefühl ankommt, damit weder zu kurz noch zu lange geröstet wird.

Alle Öle entstehen durch mechanische Pressung, sogenannte Kaltpressung, und werden weder raffiniert noch gefiltert. Die übrig bleibenden Presskuchen nutzen viele Landwirte der Umgebung als eiweißreiches Viehfutter.

FAZIT

Ein altes Gewerbe wird in modernsten, lichtdurchfluteten Räumlichkeiten umfassend vorgestellt. Die Vielfalt der Ölsorten ist überwältigend.

Steiermark

Führungen ✓
Verkostung/Kostprobe ✓
Shop ✓

31 ÖLMÜHLE HARTLIEB

8451 Heimschuh 107
T: +43 (0) 34 52/82 55 10
M: office@hartlieb.at
W: www.hartlieb.at

Ein Platz mit Geschichte! Das aktuelle Gebäude wurde Ende des 19. Jahrhunderts errichtet, 1907 übernahm die Familie Hartlieb die Getreidemühle, seit 1910 betreibt sie hier eine Ölmühle.

Die mittlerweile ausrangierten eigenen Gerätschaften sowie einige ältere und zugekaufte sind im ersten Stock im »Kernöl-Museum« zu besichtigen: eine Ölpresse mit Holzspindel aus dem 17. Jahrhundert ebenso wie Röstpfannen, Röstöfen, Knetmaschinen, Metallseiher etc. Sehr informativ im Hinblick auf das Handwerk des Ölpressens und die regional typische Herstellungsmethode.

Wie viele Kilogramm Kürbiskerne werden für einen Liter Kernöl benötigt? Worauf ist bei der Trocknung und Lagerung vorab zu achten? Was genau passiert beim Rösten und was mit dem Presskuchen? Die Antworten werden mitten im Geschehen der Ölproduktion gegeben. Dort ist mitzuerleben, wie aus den Kürbiskernen die Röstmasse entsteht und daraus letztendlich das grüne Gold fließt.

Eine Reihe unterschiedlicher Öle steht zur Verkostung bereit. Darunter neben Kürbiskern-, Raps- oder Leinöl auch »exotischere« Öle wie Traubenkern-, Marillenkern-, Erdmandel- oder Mohnöl. Wer riecht und schmeckt, beginnt den Wert naturbelassener Öle zu verstehen! Eine Besichtigung des Museums und der Produktion ist hier immer möglich. Führungen werden ab zehn Personen nach telefonischer Vereinbarung angeboten.

FAZIT

Ein wertvoller historischer Blick auf die Kunst des Ölpressens ebenso wie auf die heutige Herstellung. Ein offenes, gastfreundliches und kompetentes Team lässt sich hier gerne über die Schulter schauen.

Steiermark

32 ÖLMÜHLE KREMSNER

Führungen ✓
Verkostung/Kostprobe ✓
Shop ✓

Mantrach 23 • 8452 Großklein
T: +43 (0) 34 56/50 92
M: office@oelmuehle-kremsner.com
W: www.oelmuehle-kremsner.com

Die Führung beginnt mit einem rund zehnminütigen Film im – je nach Jahreszeit unter Umständen durchaus kühlen! – Ausstellungsraum. Dabei wird vermittelt, wie früher und heute ausgesät und geerntet wurde und wird, die Kerne vom Fruchtfleisch getrennt und gewaschen und zu Öl weiterverarbeitet werden. Danach werden die unterschiedlichen Anschauungsmaterialien ausführlich erläutert: Wie unterscheiden sich Kürbiskerne, die von Hand oder mit der Maschine geerntet wurden? Die falsch getrocknet, verbrannt, aus China stammen oder alt sind?

Auf die Vermittlung der Grundlagen für qualtitativ hochwertige Öle wird in dem Dreipersonenbetrieb großer Wert gelegt. So erklärt Herr Kremsner auch, woran man ein Öl aus unreifen Kürbiskernölen erkennt und wie billige Kürbiskern-Salatöle hergestellt werden. Was es mit Panscherei auf sich hat, kommt auf Nachfrage ebenso zur Sprache wie der Einfluss von Prämierungen, Gault-Millau-Bewertungen und der geschützten geografischen Angabe.

Technische und physikalische Details werden neben den Gerätschaften erläutert. Dazwischen gibt es immer wieder historische Gustostückerln, Anlass dazu geben auch gemalte Bilder vom Ölpressen aus früheren Zeiten. Oder wissen Sie, warum anno dazumal nur vormittags gepresst wurde?

Verkostet werden schließlich nicht nur Kürbiskernöle, sondern auch Leinöl, Walnussöl oder Sonnenblumenöl.

FAZIT

Qualtität wird hier nicht nur theoretisch groß geschrieben – sie ist auch zu schmecken! Eine tief greifende und sachkundige Einführung ins Ölgeschäft. Eine Besichtigung der Produktion ist immer möglich, eine Führung inklusive Verkostung nur nach Anmeldung.

BROT, BREI, PASTA – EINE GETREIDETRILOGIE

Es war einmal vor langer, langer Zeit …

… dass ausschließlich Wildformen von Einkorn, Emmer und Gerste gesammelt und verzehrt wurden. Aus diesem Wildgetreide wurden vor der Entwicklung der Landwirtschaft Breie zubereitet. Dass Brot den Brei vor fast 8000 Jahren ablöste, lag in seiner Praktikabilität. Brot konnte transportiert und länger gelagert werden als Brei.

Ausgestorben ist der Brei bekanntlich nie. Im Gegenteil: Geschrotetes oder gemahlenes, in Flüssigkeit gekochtes Getreide ist global betrachtet auch heute noch die wichtigste Zubereitungsform von Getreide. Als Arme-Leute-Essen hielten sich Sterze aus Buchweizen- und Roggenmehl, Mais- oder Weizengrieß über lange Zeit auch bei uns. Heute werden sie verstärkt wiederentdeckt.

Brot in der Antike

Die antiken Ägypter hatten bereits eine entwickelte Brotkultur. Sie verwendeten sogar Zutaten wie Ei, Fett, Milch, Nüsse, Trockenfrüchte, Gewürze oder Honig. Besonders Fenchel und Anis waren bei ihnen und den Römern beliebt. Im alten Rom hatte jede soziale Schicht ihr eigenes Brot: Die Oberschicht aß helles Weizenbrot, das ärmere Volk mit Kleie angereicherte Brote. In der Antike war Brot aber nicht nur Nahrungsmittel, sondern diente bei förmlichen Mahlzeiten sozusagen als Besteck und wurde danach auf den Boden geworfen. Wegwerfen von Brot ist somit keine Neuerscheinung des 21. Jahrhunderts! In Indien, wo Fladenbrot auch heute als Besteckersatz dient, wird das Brot hingegen gegessen.

Brot in Österreich

Weizen und Roggen als wichtigste Brotgetreide gedeihen in Österreich prächtig und auch Brotgewürze sind bei uns heimisch. Kümmel wurde als Wiesenkümmel schon lange im Alpenvorland gesammelt, er ist eine Gewürzpflanze für höhere Lagen, raues und feuchtes Klima. Er gilt als wärmend und trocknend, was in feuchten Regionen vorteilhaft ist. Weniger verbreitet, aber kulinarisch interessant ist der Brotklee. Er besteht oft aus verschiedenen Pflanzen, darunter Bockshornklee und Schabzigerklee. In Österreich ist Brotklee wenig verbreitet, in Südtirol wird Schabzigerklee jedoch traditionell für Vinschgauer oder Schüttelbrot verwendet. In der Schweiz wird ein Käse, der Schabziger, mit Schabzigerklee gewürzt.

Das Bäckerhandwerk besitzt in Österreich bereits über viele Jahrhunderte Tradition. In Wien gab es Bäcker mit Sicherheit ab 1227. In manchen Dörfern war es bis zu Beginn des 20. Jahrhunderts üblich, den Brotteig zu Hause mit Sauerteig zuzubereiten und nur für das Backen zum Bäcker zu bringen. Übrig gebliebene Teigreste wurden dünn ausgewalkt und zu Hause direkt auf einer heißen Herdplatte gebacken. Diese Feuer- oder Brandflecken wurden warm gegessen und oft mit Schmalz bestrichen. Es gab und gibt sie traditionell in Niederösterreich und im Burgenland.

Holz im Ofen

In den letzten 20 Jahren hat sich das heimische Brotangebot stark verbreitert. Das betrifft nicht nur die Formen und Zutaten der Brote, sondern auch die Zubereitungsart. So kamen Holzofenbrote im urbanen Raum wieder in Mode. Sie sind kein Marketinggag, sondern schmecken tatsächlich anders – ähnlich wie Fleisch abhängig von der Zubereitungsart unterschiedlich schmeckt.

Wie entsteht nun dieser typische Geschmack von Holzofenbrot? Erstens geben unterschiedliche Hölzer unterschiedliche Aromen ab. Zweitens unterscheidet sich je nach Art des Holzes auch die Hitzeentwicklung. Und drittens wird beim Holzofenbrot der Ofen zu Beginn sehr stark aufgeheizt. Durch die im Ofen gespeicherte Wärme wird das Brot gebacken.

Die hohe Anfangstemperatur sorgt rasch für eine kräftige Kruste, die verhindert, dass die Brotkrume, das Innere, austrocknet. Das Brot bleibt auf diese Weise länger frisch.

Die Kaisersemmel

Die Kaisersemmel ist heute klassischer Frühstücksbestandteil. Über ihre Entstehung gibt es sehr unterschiedliche Geschichten.

Eine besagt, dass die Semmel von einem Wiener Bäcker namens Kayser um 1750 erfunden wurde. Kayser wollte den Geschmack des Gebäcks durch einen höheren Krustenanteil verbessern. Das gelang ihm durch die typischen Einkerbungen an der Oberfläche. Die Semmel hieß demgemäß auch »Kaysersemmel«.

Einer anderen Erzählung zufolge ist die Bäckerinnung Urheber des Begriffes. Im 18. Jahrhundert wurden Preis und Gewicht der Semmel geregelt, bis die Innung eine Abordnung zu Kaiser Joseph II. sandte, um ihn um freie Preisgestaltung zu bitten. Der Kaiser willigte ein und die Semmel wurde fortan Kaisersemmel genannt.

Eine dritte Erklärung ist, dass in der Regierungszeit von Kaiser Franz Joseph I. der Zusatzbegriff »Kaiser« für spezielle Speisen und Getränken verwendet wurde. Die besonders gute Semmel wurde so zur Kaisersemmel. Möglich ist aber auch eine vergleichsweise nüchterne Erklärung, nämlich dass Kaisersemmel ganz einfach eine Ableitung vom Italienischen a la casa

– »nach Art des Hauses« ist. Das Wort »Semmel« stammt übrigens vom lateinischen simila, dem Weizenmehl, ab.

VERKOSTUNGSTIPPS FÜR BROT

In Österreich wurde vor wenigen Jahren eine eigene Brotansprache entwickelt. Sie umfasst Begriffe, um Aussehen, Geruch, Geschmack und Textur von Broten zu beschreiben.

Wie wird Brot am besten verkostet? Täglich und bewusst! Beginnen Sie dabei, am Brot zu riechen. Schon allein die geruchliche Vielfalt ist größer, als man glauben möchte. Es kann süßlich duften oder nach Milchsäure. Es kann Aromen, die an Most erinnern, oder Röstaromen verströmen. Es kann nach Mehl, Hefe, Nüssen, Erdnüssen oder Gewürzen riechen. Und es kann eine frisch-grün-erdige Duftnote besitzen.

Im Mund ist nicht nur der Geschmack relevant, sondern auch die Textur: Brot kann – unter anderem – »al dente« sein! Das führt uns unweigerlich zu den Nudeln ...

Pasta? Basta!

Nudeln kamen zwar später als Brei und Brot auf, aber auch sie haben bereits eine lange Geschichte. Denn schon im antiken Griechenland waren Nudelgerichte bekannt. In China gab es in der Han-Dynastie (206 v. Chr. bis 220 n. Chr.) Nudeln. Wahrscheinlich wurde die Nudelherstellung unabhängig voneinander in unterschiedlichen Regionen entwickelt und ist keine italienische Erfindung.

Das deutsche Wort »Nudel« ist vermutlich eine Abwandlung von Knödel – süße Dampfnudeln sind Germknödel, die auf der Unterseite gebraten und auf der Oberseite gedämpft werden. Der Begriff Pasta bedeutet im Italienischen schlicht und einfach Teig. Kreativer sind die Namen der Pastaformen: Fiori erinnern an Blüten, Canalini an einen Kanal, gerippte Radiatori ähneln der Struktur eines Heizkörpers. Spindelig eingedrehte Strozzapreti, eine Spezialität aus Apulien, heißen wörtlich übersetzt »Priesterwürger«. Der Name rührt angeblich daher, dass mancher Priester gerne und viel davon aß und entweder daran erstickte oder durch das enge Halstuch gewürgt wurde.

Burgenland

Shop ✓

Gastronomie ✓

33

BROTMUSEUM GRADWOHL

Joseph-Haydn-Platz 5
7431 Bad Tatzmannsdorf
T: +43 (0) 26 18/22 73
M: office@gradwohl.info
W: www.gradwohl.info/backkurse/

Ein sehr liebevoll gestaltetes, nettes Museum, das sich über drei Räume erstreckt. Im ersten Raum geht es um Historisches. Der Ackerbau (seit der Jungsteinzeit) wird dabei ebenso thematisiert wie das Mahlen von Getreide.

Im zweiten Raum warten spannende Geschichten aus dem Mittelalter, als sich Bäcker zu einer Zunft zusammenschlossen. Eine »Zunfttruhe« ist ausgestellt, die früher den Sinn hatte, die Work-Life-Balance zu erhalten, auch wenn der Begriff damals noch unbekannt war. Die Truhe enthielt wichtige Dokumente. Fanden Sitzungen der Zunft statt, war die Truhe geöffnet, wurde sie geschlossen, war der gesellige Teil an der Reihe. Wer dann noch über das Bäckereiwesen sprach, zahlte saftige Geldstrafen. Auch Informationen über den mittelalterlichen Brauch des »Bäckerschupfens« gibt es – ein Ritual zur Bestrafung von Bäckern, deren Brotgewicht mehrmals zu gering war.

Besonders nett ist Raum drei: Hier werden Brote der Ägypter, Griechen, Römer sowie aus Mittelalter und Neuzeit gezeigt. Brot im Jahreszyklus ist ein weiteres Thema: von Ostern über Allerseelen, Martini bis Weihnachten. Man erfährt, welche symbolische Bedeutung Brot bei Bestattungen zukommt und sieht spezielle Brote für Geburt, Taufe oder Hochzeiten. Neben Lebzelterformen sind auch Waffeleisen und Hostienformen zu sehen. Nur in diesem Raum wird kurz die Familiengeschichte der Bäckerei Gradwohl thematisiert – sehr bemerkenswert, dass in einem Unternehmen ein Museum mit so wenig Eigenwerbung betrieben wird.

FAZIT

Ein Besuch lohnt sich allemal! Kombinierbar mit einer gemütlichen Tasse Kaffee und guten Vollkornbackwaren. Dass es in dem Ort auch noch eine Therme gibt, ist ein Grund mehr, hinzufahren.

Wien

Interaktiv ✓
Shop ✓
Gastronomie ✓

34 DerMANN BROTWAY

Perfektastraße 100
1230 Wien
T: +43 (0) 1/86 6 99-66
M: baeckerei@dermann.at
W: www.dermann.at/brotway/

Wie hieß der Gugelhupf im Laufe der letzten Jahrhunderte? Welche Sprichwörter kennen Sie zum Thema Brot? Zu Beginn des Brotways können Sie ihr diesbezügliches Repertoire erweitern. Es folgt die Familiengeschichte der Familie Mann in Bildern sowie ein witziges Exponat: eine alte Semmelstanze aus dem Jahr 1940.

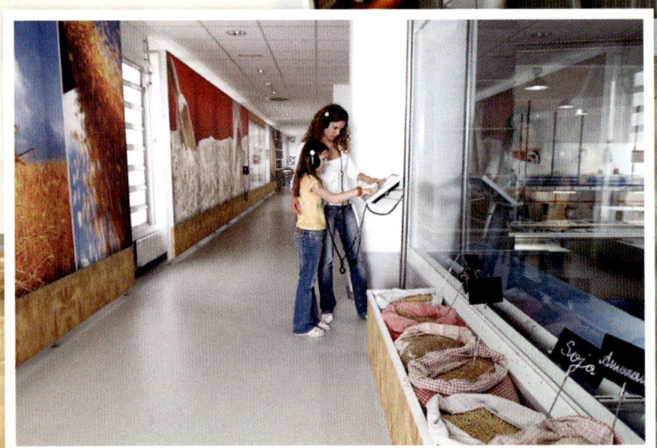

Dann beginnt der eigentliche Brotway, der Schaubetrieb. Und der ist ganz schön riesig! In zehn Stationen werden nähere Informationen über die Rohstoffe, das Mischen, Kneten, Flechten, Verzieren, Fettbacken, die Öfen u. v. m. gegeben. Kaltes und warmes Kleingebäck wird ebenso aufgegriffen wie Kuchen, Strudel, Torten und Snacks. Und das Geniale dabei: Was auf den Bildschirmen via Touchscreen selbst aufgerufen werden kann, um sich über die Theorie näher zu informieren, ist zeitgleich live durch riesige Schaufenster zu sehen. Spannend dabei, was in einer großen Bäckerei maschinell und was händisch erfolgt (mehr, als man glauben würde).

Zusätzliche Videos informieren über den Weg von der Saat bis zum Korn, die Getreidesorten und die Schritte vom Korn zum Brot. Säcke mit den einzelnen Getreidesorten stehen zum Angreifen da. Die zehn Brotway-Stationen sind als Rundgang angeordnet, der sinnvollerweise im Uhrzeigersinn zu absolvieren ist.

FAZIT

Insgesamt viel zu sehen! Den Brotway können Sie zu den Öffnungszeiten der Bäckerei jederzeit allein und in Ihrem eigenen Tempo begehen und den Bäckern und Konditoren dabei buchstäblich auf die Finger schauen. Derartige Transparenz bei der Produktion ist eine feine Sache. Gruppen werden um Anmeldung gebeten.

Niederösterreich

35 HAUBIVERSUM

Kaiserstraße 8
3252 Petzenkirchen
T: +43 (0) 74 16/503-499
M: haubiversum@haubis.at
W: www.haubiversum.at

Interaktiv ✓
Führungen: auf Anfrage ✓
Verkostung/Kostprobe ✓
Shop ✓
Gastronomie ✓

Das Haubiversum ist direkt an die Produktionsstätte von »Haubis Bäckerei & Konditorei« angeschlossen. Im Rahmen der Führung durch die Produktionshallen erfährt man nicht nur Wissenswertes über die Stationen auf dem Weg des Teiglings bis zur Auslieferung, sondern auch firmenbezogene Zahlen und Daten.

In relativer Kürze werden allgemeine Informationen rund um Mehl, Teig, Brot bzw. Gebäck geboten. Dennoch ist die Führung inhaltlich gut und interessant für all jene, die sehen möchten, wie eine Großbäckerei funktioniert. Aber sie ist straff organisiert und langes Herumtrödeln gibt es nicht.

Die Führung beginnt im Kino, dann geht es durch den gesamten Betrieb. Es gibt z. B. eine Station mit Körnern und Getreidesorten, die zum Riechen und Angreifen auffordert. Unterwegs wird eingeladen, die Verwendung verschiedener Maschinen, die früher im Bäckereiprozess eingesetzt wurden, zu erraten – etwa eine alte Universal Reib- und Schneidemaschine. Witzig ist es, einmal selbst auszutesten, wie lange man benötigt, um ein Mohnweckerl zu formen. Die Experten in der Backstube schaffen es in zwei Sekunden, wir waren da doch deutlich langsamer … Die selbst geformten Mohnweckerln werden während der Führung in den Backofen geschoben und die Besucher dürfen sie am Ende mit nach Hause nehmen. Für Kinder gibt es eigene Führungen, eine Kinderbackstube sowie eigene Angebote für Schulen und Kindergärten. Auch mit Kinderwagen lässt sich die Führung gut bewältigen.

FAZIT

Wer einmal live sehen möchte, wie es in einer Großbäckerei zugeht, erhält hier einen sehr guten Einblick.

Niederösterreich

- Führungen ✓
- Verkostung/Kostprobe ✓
- Shop ✓

36 ROSENFELLNER MÜHLE

An der Bahn 9
3352 St. Peter in der Au
T: +43 (0) 74 77/42 3 43-11
M: kontakt@rosenfellner.at
W: www.rosenfellner.at

Die Geschichte der Mühle am heutigen Standort geht bis mindestens 1779 zurück. Geführt wird sie heute in dritter Generation der Familie von Monika Rosenfellner und verarbeitet wird ausschließlich Getreide von Biobauern.

Die Führung durch diesen Familienbetrieb ist ein Erlebnis der besonderen Art. Warum? Weil großteils mit Maschinen gearbeitet wird, die andernorts wahrscheinlich bereits im Museum gelandet wären. Doch Bewährtes wird hier erhalten und nicht vorzeitig ausgemustert. Tradition ist in der Rosenfellner Mühle kein leeres Schlagwort.

Zuerst erfahren wir an der Anlieferungsstelle etwas mehr zur Familiengeschichte. Dort, am Fuße der Getreidesilos, liefern die Bauern der Region rund um Seitenstetten, Haag und St. Peter im Mostviertel ihr Getreide an. Noch bevor es in die Silos geht, wird das Getreide allerdings der ersten Prüfung im hauseigenen Labor unterzogen. Entsprechen gewisse Eigenschaften nicht den Vorgaben, kann der Bauer gleich wieder kehrtmachen.

Zweite Station ist die sogenannte Kopperei – hier erfolgt die Reinigung des Getreides von Steinen oder Unkraut. Passt die Feuchtigkeit, geht es durch Rohrleitungen weiter in die Walzenmühle. Hier stehen sie: wunderschöne, tiefrote, alte Walzen! Und noch ein Gustostückerl: eine alte Steinmühle. Zwischen zwei Mühlsteinen wird hier noch heute ein bestimmtes Mehl gemahlen!

Im kleinen Labor können die Analysegeräte aus nächster Nähe betrachtet werden. Die fachkundigen Erklärungen, etwa welche Mehleigenschaften wie untersucht werden und warum diese für die weitere Verarbeitung so bedeutend sind, sind überaus aufschlussreich und geben einen guten Einblick in das Müllerhandwerk.

FAZIT

Wer sehen möchte, wie Mehl in einem handwerklichen Betrieb gemahlen wird, ist hier am richtigen Ort. Nach den Erklärungen bei der Führung weiß man genau, welchen Weg das Getreidekorn bis zum feinen Mehl gehen muss.

Niederösterreich

Führungen ✓
Verkostung/Kostprobe ✓
Shop ✓

37 ZIMMERMANNS TEIGWAREN

Walterschlag 15
3970 Weitra
T: +43 (0) 28 56/31 67
M: office@zimmermanns-teigwaren.at
W: www.zimmermanns-teigwaren.at

Eigentlich war die Teigwarenproduktion bei Paula Zimmermann Zufall, denn ursprünglich hatte die Familie auf ihrem landwirtschaftlichen Kleinbetrieb Legehennen. Allerdings waren unter den Eiern immer wieder auch welche dabei, die zu klein, zu groß oder zu dünnschalig waren und daher für den Verkauf nicht infrage kamen. Für den Eigenverbrauch war die Menge zu groß. Der Seniorchef, gelernter Bäcker, kam daher auf die Idee, doch einfach Nudeln daraus zu machen. Der im Waldviertel angebaute Dinkel und der Weinviertler Hartweizen waren ideale Partner für die frischen Eier.

Gesagt, getan. 1995 wurden probeweise das erste Mal 500 kg Nudeln hergestellt. Heute beträgt die Jahresproduktion 20 Tonnen! All das wird – kaum zu glauben – von nur sechs (!) Personen bewerkstelligt. Noch überraschender: Jedes einzelne Ei, jährlich sind das rund 160.000 aus dem eigenen Legehennenbetrieb, wird frisch und mit der Hand aufgeschlagen. Am überraschendsten: Diese zwölf Hände produzieren sage und schreibe 85 Sorten Nudeln!

Es gibt nicht nur unterschiedlichste Formen wie Hütchen, Sputnik, Hahn und Henne oder Drachenhörnchen, sondern auch die verschiedensten Geschmacksrichtungen. Steinpilz-, Knoblauch-, Holunder-, Zwiebel-, Zitronen- oder Maroninudeln finden sich im kleinen Shop, der »Nudlstub'n«. Aber auch prämierte Weltneuheiten wie Apfel-Zimt-Muscheln und »Exotisches« wie Kakao-Hörnchen, Nougat- und Erdbeernudeln gibt es hier.

Wer es nicht mit eigenen Augen gesehen hat, wird es kaum für wahr halten, dass diese Vielfalt und Qualität auf so kleinem Raum von so wenigen Personen erzeugt wird.

FAZIT

Wer Teigwaren mag, der muss einfach zu Zimmermanns!

FLEISCH & FISCH: DIE ENTDECKUNG DER LANGSAMKEIT

Seit Jahrtausenden werden Tiere von Menschen gejagt und geschlachtet, um sie zu essen. Während der Jäger- und Sammlerzeit war Fleisch neben gesammelten Beeren, Wurzeln und anderen Pflanzenteilen Hauptnahrungsmittel. Erst mit dem Aufkommen der Landwirtschaft wurden die Menschen sesshaft und Getreide und Gemüse machten einen größeren Anteil an der Ernährung aus.

Heiliger Fleischkonsum

Die Geschichte des Fleischverzehrs ist außerdem geprägt von religiösen Gebräuchen und Geboten. So ist im Judentum und im Islam der Verzehr von Schweinefleisch untersagt, weil das Schwein als »unrein« gilt. Im Hinduismus wiederum werden Kühe nicht geschlachtet, weil sie als heilig verehrt werden. Aufgrund ihres Glaubens an die Wiedergeburt verzichten zudem viele Hindus gänzlich auf Fleisch. Auch das Christentum kennt Fastentage, an denen der Fleischkonsum untersagt ist. Der Begriff »Karneval« stammt wahrscheinlich vom lateinischen carne vale, was so viel bedeutet wie »Fleisch, lebe wohl« und die Fastenzeit einläutet.

Apropos Fastenzeit: Da während der 40 Tage vor dem Osterfest Fleisch tabu war, Mönche jedoch, was lukullische Genüsse anging, immer schon erfinderisch waren, legten sie manche Definition für Fleisch durchaus großzügig aus. So war im Mittelalter etwa Fleisch vom Biber auch in der Fastenzeit erlaubt, weil sein schuppiger Schwanz optisch an Fisch erinnerte, der bekanntlich nicht unter Fleisch fiel.

Tiere anständig essen

In den letzten Jahren nimmt die Zahl jener, die nicht (nur) aus religiösen, sondern auch aus ethischen, gesundheitlichen oder ökologischen Gründen auf Fleisch verzichten, zu. Gleichzeitig können wir beobachten, dass das Bewusstsein für die Fleischqualität zunimmt.

Das ist mit ein Grund, weshalb sich Bauern immer häufiger auf seltene Rinder- und Schweinerassen spezialisieren, die zwar nicht als besonders ergiebig gelten, dafür aber für ihre hohe Fleischqualität bekannt sind. Dazu zählen das Mangalitza- oder Wollschwein, das Sulmtaler Huhn, das Alpine Steinschaf, das Kärntner Brillenschaf sowie das Angus- und Galloway-Rind. Doch nicht nur die Rasse, vor allem die Haltungs- und Fütterungsbedingungen beeinflussen die Fleischqualität. Für gutes Fleisch ist Geduld gefragt. Und so wird in der Tierzucht die Langsamkeit wiederentdeckt.

Mozart im Saustall

Auf Entschleunigung setzen immer mehr moderne Tierzüchter und Fleischproduzenten. Zum Wohl der Tiere und zum Wohl des Menschen. Denn tiergerechte Haltung und vor allem Schlachtung beeinflussen die Fleischqualität vorteilhaft. Weniger Stress vor und bei der Schlachtung bedeutet nachweislich bessere Fleischqualität. In Finnland wurde der guten Fleischqualität sogar schon eine Popgruppe geopfert: Die Musik aus einem Nachbarhaus des Schlachthofs stresste die Tiere so sehr, dass minderwertiges Fleisch die Folge war. Die Musiker wurden daraufhin des Hauses verwiesen.

Dass die – richtige – Musik die Fleischqualität durchaus positiv beeinflussen kann, darauf setzen seit Kurzem immer öfter innovative Tierzüchter. Sie beschallen die Tiere in ihren Ställen mit Mozart, Verdi oder romantischen Schlagern. Wenn auch (noch) nicht wissenschaftlich nachgewiesen, dürfte es für die Tiere sowie deren Fleisch zumindest keine unangenehmen Konsequenzen haben. Aber vielleicht will's die Sau auch ruhig ...

Fischers Fritze

Fische und Schalentiere wie etwa Flusskrebse können nur selten archäologisch nachgewiesen werden. Bekannt ist nur, dass Teichwirtschaften für die Fischzucht bereits bei den alten Römern genutzt wurden. Im Mittelalter mussten für Fische keine Abgaben an den Grundherrn entrichtet werden, weshalb nur ganz selten Angaben zu Fang- und Handelsmengen aus dieser Zeit existieren. Allerdings gibt es viele Hinweise auf Auseinandersetzungen über Fischereirechte und das ist ein Indiz für die Bedeutung der Süßwasserfische in der altertümlichen und v. a. mittelalterlichen Kost.

Bekannt ist z. B., dass die Speerfischerei im österreichischen Salzkammergut bereits vor 5000 Jahren praktiziert wurde. Die Schriften von Cicero und Plinius weisen darauf hin, dass es im römischen Reich schon im 1. Jahrhundert v. Chr. erste Teichanlagen für Fische gab. Damals dienten diese aber wahrscheinlich nur der »Aufbewahrung« lebender Fische und weniger der Zucht. In den 1960er-Jahren wurde im nordöstlichen Polen eine Siedlung aus dem 9. Jahrhundert ausgegraben, deren Bewohner sich offenbar auf das Räuchern von Süßwasserfischen spezialisiert hatten. In den gefundenen Räucheröfen und -gruben wurden Hecht, Barsch, Rotauge, Brasse und Wels nachgewiesen. Auch Lachs, Neunaugen und Äschen aus Flüssen waren damals bereits bedeutend.

Fisch ist kein Fleisch

Mit der Völkerwanderung kam die Teichwirtschaft zum Erliegen und erst im 13. Jahrhundert finden sich entsprechende Anlagen zunächst in Frankreich und etwas später dann in ganz Europa wieder. Besonders die Verbreitung des Karpfens, der ursprünglich in Südosteuropa zu Hause war, förderte das Wiederaufleben der Teichwirtschaft. Möglicherweise hat die Klimaerwärmung dazu beigetragen, dass der Karpfen später in ganz Mittel- und Westeuropa vorkam. Wahrscheinlicher aber ist, dass Mönche und Nonnen den Karpfen ganz gezielt einführten, um die kargen Fastenmahlzeiten aufzubessern. Denn Fisch gilt bekanntlich nicht als Fleisch und ist noch heute eine klassische Fastenspeise.

Österreich: gutes Zuhause für Forellen und Saiblinge

Die Forellenzucht ist wesentlich jünger. Einer der Ersten, die sich damit beschäftigten, war der deutsche Bauernsohn Stephan Ludwig Jacobi im 18. Jahrhundert. Seine Zuchtversuche gerieten dann aber in Vergessenheit und wurden erst ein Jahrhundert später in Frankreich wieder aufgenommen. In der Folge breitete sich die Forellenzucht in ganz Europa aus und die ersten Fischereiverbände entstanden. Ein Meilenstein war die Einfuhr der ersten Regenbogenforellen aus Kalifornien zwischen 1880 und 1890. Die Forellenzucht spielt heute bei der Produktion von Speisefisch die zentrale Rolle. Mit der Forelle wurde auch der Bachsaibling importiert, der mittlerweile ebenfalls zu einem bedeutenden Speisefisch in unseren Breiten geworden ist.

»Das interessanteste Geschöpf der Zoologie ist der Fisch: Er wächst noch, wenn er längst verspeist ist. Wenigstens in den Augen des Anglers.«
(Ernest Hemingway)

Die Forellen- und Saiblingszucht erfolgt in Österreich vor allem in Form von klein strukturierten Familienbetrieben. Da sich Forellen und Saiblinge nur in reinem, kühlem und sauerstoffreichem Wasser züchten lassen, ist die Wasserqualität für den Zuchterfolg von herausragender Bedeutung. Und welches Land wäre dazu besser geeignet als Österreich mit seinen Wasserressourcen!

HINTERGRUNDINFORMATIONEN FÜR EINE FLEISCHVERKOSTUNG

Die wichtigsten Eigenschaften, anhand derer man die Qualität von Fleisch beurteilen kann, sind Aussehen (Farbe, Form, Marmorierung), Aroma (Geruch, Geschmack), Saftigkeit und Textur (Konsistenz).

- **Kalb-, Schweine- und Geflügelfleisch sind aufgrund des jungen Schlachtalters normalerweise zart.**
- **Ob ein Fleisch grob- oder feinfaserig ist, wird im Wesentlichen durch Rasse, Alter und Geschlecht sowie Art des Teilstückes beeinflusst. Je älter ein Tier ist, desto dicker sind die Muskelfasern.**
- **Von Fett durchzogenes, marmoriertes Fleisch bzw. ein hoher Fettanteil in den Zellen bewirken zarteres, saftigeres Fleisch.**
- **Das Aroma ist neben Tierart, Rasse, Geschlecht und Fütterung vor allem von den Vorgängen bei der Schlachtung abhängig. Der weitaus größte Teil des Aromas entsteht jedoch beim Erhitzen. Hier kommt also der Kochkunst besondere Bedeutung zu.**

FÜR FRISCHEN FISCH GILT:

- **Er riecht kaum nach Fisch (»fischelt« nicht).**
- **glänzendes Äußeres, keine Blutflecken am Kopf**
- **fester, elastischer Körper und festsitzende Schuppen**
- **durchsichtiger, klarer, feuchter Schleim**
- **stramm anliegende Haut**
- **klare Augen**
- **feuchte, glänzende dunkelrote Kiemen**

Wien

Interaktiv ✓

Führungen ✓

38

1. WIENER FISCHEREIMUSEUM

Einzingergasse 1a, 1210 Wien
T: +43 (0) 681 20 80 61 61
M: vorstand@fischereimuseum.at
W: www.fischereimuseum.at

Ein Museum über Fischerei? Ja, das gibt es, gut versteckt, in Wien bereits seit 1994. Hier wartet eine beeindruckende Sammlung an Fischpräparaten: Sehen Sie dem Wels nicht nur in die Augen, sondern auch ins Maul!

Alle ausgestellten Fische entstammen dem Marchfeldkanal. Dort leben 20 Friedfische wie Schleie oder Karpfen und zehn Raubfisch wie Wels, Zander oder Hecht. Kennen Sie die gesellig lebende Russnase schon? Wussten Sie, dass eine Laube auch ein Fisch sein kann? Wer sich darin üben möchte, Fischnamen und deren Aussehen richtig zu kombinieren, kann dies an einem Spielpult tun. Der dabei zur Schau gestellte Bitterling ist übrigens kein Speisepilz, sondern ebenso eine heimische Fischspezies. Auf Schautafeln können interessante Details über viele Fische nachgelesen werden.

Die Fangmethoden früher und heute werden anhand von Bildern, Netzen, Angeln, Haken, Boiles und Lockhölzern gezeigt. Passionierte (und pensionierte) Fischer beantworten Fragen rund ums Metier und erzählen über die frühere Berufsfischerei in Wien.

Man erfährt so manches über den Kanal von seiner Gründung über die Wasserqualität bis zu Schonzeiten in diesem Gebiet. Der Fischereiverein gibt aber auch Einblicke in den gesamten Lebensraum Wasser und stellt Vögel und andere Tiere aus.

FAZIT

Auf jeden Fall ein Unikat! Schrullig, aber informativ. Sehr lehrreich und mit Liebe und Engagement betrieben. Auch kulinarisch Interessierte und Versierte werden hier lernen und staunen. Bilder von Fischern mit riesigen Welsen zeigen, welch »tolle Hechte« sie sind.

Steiermark

Führungen ✓
Verkostung/Kostprobe ✓

39 SCHIRNHOFER GLÄSERNE FABRIK

8224 Kaindorf bei Hartberg 298
T: +43 (0) 33 34/313 12 71
M: besucherzentrum@feinkost-schirnhofer.at
W: www.feinkost-schirnhofer.at

Obwohl aus der 1926 gegründeten Familienfleischerei Schirnhofer mittlerweile eine internationale Holding geworden ist, spürt man dort dennoch die persönliche Note und Anwesenheit des beliebten Chefs Karl Schirnhofer. Das liegt wohl am glaubhaften und gelebten sozialen Engagement der Unternehmensleitung in vielen Bereichen.
Nachhaltigkeit wird hier groß geschrieben – der Energiebedarf wird mittels Biomasseheizwerk, Wärmerückgewinnungsanlage, Fotovoltaikanlage und einem eigenen Kleinstwasserkraftwerk gedeckt. Schirnhofer ist zudem Partner der Ökoregion Kaindorf. Und nicht zuletzt wird den Mitarbeitern u. a. durch ein eigenes Gesundheitszentrum, einen Sozialfonds oder ausgebildete Sozialarbeiter und Personalcoaches Wertschätzung entgegengebracht.

Die »gläserne Fabrik« ist tatsächlich durchsichtig. Wir können mittels Livekameras alle Produktionsstationen einsehen und sitzen dabei bequem im Kinosaal. Gleichzeitig erklärt Karl-Heinz Schirnhofer, der Sohn des Geschäftsführers, äußerst fachkundig, kurzweilig und mit humorigen Geschichten gespickt die Fleisch- und Wurstherstellung, während auf der Leinwand Schweine- und Rinderhälften oder Ochsenteile auf Schienen durch die Hallen fahren. Der Blick auf die Arbeiter an der Zerlegestation erklärt, warum dieser Beruf ein Männerberuf ist und – nicht nur diesen – ein hauseigener Masseur zur Verfügung steht. Andere, leichtere Tätigkeiten wiederum können von Frauen besser ausgeführt werden.

Rund 500 österreichische Vertragsbauern liefern die Tiere, aus denen etwa 650 verschiedene Produkte erzeugt werden, sodass die jährliche Produktion an Fleisch- und Wurstwaren 17.000 Tonnen beträgt. Dass Regionalität keine leere Phrase ist, belegt die Tatsache, dass die Bauern im Durchschnitt nur 26 km vom hauseigenen Schlachthof entfernt leben. Und tiergerechte Haltung und Schlachtung werden durch Kooperationen mit »Vier Pfoten« und »Greenpeace« sichergestellt.

FAZIT

Ein Großbetrieb, der auf Produktqualität, Regionalität und Verantwortungsbewusstsein seinen Mitarbeitern, Lieferanten und Abnehmern gegenüber achtet und sich seinen Besuchern wahrlich gläsern präsentiert.

Steiermark

40 VULCANO NEUE SCHINKENWELT

- Führungen ✓
- Verkostung/Kostprobe ✓
- Shop ✓
- Gastronomie ✓

Eggreith 26, 8330 Auersbach
T: +43 (0) 31 14/21 51
M: schinken@vulcano.at
W: www.vulcano.at

Als Erstes lernen die Besucher »Franz, der mit den Schweinen spricht«, seine Frau und schließlich die Sau Vulcana kennen. Nun ja, nicht persönlich, aber in Form eines herzigen Zeichentrickfilms, der vom bekannten Erzähler Folke Tegetthoff gesprochen wird.

Die neu errichtete Vulcano Schinkenwelt führt Besucher auf zwei Etagen durch über 1000 m^2. Nach dem Kinoerlebnis geht's in den Arkadenweg, wo der Guide anhand attraktiv gestalteter Schautafeln unterschiedliche Schweinerassen vorstellt, Informationen über deren Futter gibt und Schinken als Lebensmittel am Weltmarkt präsentiert. Sympathisch ist, dass das Thema Lebensmittel, die im Müll landen, und ein möglicher Umgang damit angesprochen werden. Auch Regionalität sowie die Macht des einzelnen Konsumenten werden diskutiert.

An diesem Tag haben wir Glück: 80 kleine Ferkel laufen durch den Stall, den wir durch ein Fenster einsehen können. Dann geht's weiter zu den großen Schweinen. In einem Schauschweinestall suhlt sich der größenmäßig wirklich beeindruckende Eber »Brandy« auf dem Stallboden. Kleinere Schweine laufen durch die Gegend. Die Idylle wird noch gesteigert durch Musik. Ja, Musik! Aus Lautsprechern im Offenstall erklingt doch tatsächlich Verdi! Die Tiere werden dadurch ruhiger, heißt es. Wenn man »Brandy« so ansieht, mag man es gleich glauben. Sogar eigene Duschen haben die Tiere. Als »Schweineleben« kann man das nicht wirklich bezeichnen ...

Im Sinnesraum erfahren wir über Videowände und einen sehr ansprechend gestalteten Film, wie die Schinkenproduktion abläuft. Vom Einsalzen bis zum Reifen. Daneben »schweben« gleichsam unzählige Schinken im Reiferaum von der Decke. Wer dann noch nicht Gusto auf Schinken bekommt, hat ihn spätestens, wenn er den Verkostungsteller in der Hand hält: Unterschiedlich lang gereifter, feinst aufgeschnittener Rohschinken liegt da neben Salami und Räucherspeck, dazu gibt's frisches Weißbrot. Der einzige Wermutstropfen: Zur Wiederholung wäre es optimal gewesen, wären die zur Verkostung gereichten Produkte noch einmal kurz erklärt worden.

FAZIT

Ein professioneller Schaubetrieb mit kompetenten Führern, modernster Mediengestaltung und Vorzeigeschweinen, die einem in der kurzen Zeit tatsächlich ans Herz wachsen.

KÄSE:
EIN ZUFALLSPRODUKT DER GESCHICHTE

Vermutlich war der allererste Käse ein reines Zufallsprodukt. Milch wurde in Tongefäßen gelagert, aufgrund der Sonneneinstrahlung oder eines Feuers war es warm, die Milch wurde erst sauer, dann dick. Bei günstigen Bedingungen entstand Käse, der gelagert werden konnte. Dass Milchsäurebakterien im Spiel waren, war damals nicht bekannt – aber der erste Sauermilchkäse war entstanden. Heute wissen wir, dass Milchsäurebakterien das Milcheiweiß Kasein zerlegen, und nutzen dieses Wissen gezielt bei der Herstellung von Sauermilch- und Frischkäse. Das Wort »Käse« basiert demgemäß auf dem lateinischen Wort caseus, sprich: »sauer Gewordenes«. Übrig bleibt übrigens Molke.

Viele Wege führen nach Rom … zwei zum Käse

Die zweite Möglichkeit, Käse herzustellen, ist durch Zusatz von Enzymen. Auch der erste Labenzymkäse der Geschichte war sicherlich ein unbeabsichtigtes Produkt. Möglicherweise transportierten Schafhirten die Schafmilch in Schafsmägen. Durch das Enzym im Schafsmagen, Wärme und die ständige Bewegung beim Transport wurde die Milch dickgelegt und es entstand Käse. Vielleicht war es aber auch so, dass Jäger Milch in getrockneten Kälbermägen mit auf die Jagd nahmen. Das Lab im Kälbermagen dickte die Milch ein.

Blumiges

Eine dritte Möglichkeit, Milch einzudicken ist »Blumenkäse« oder »Distelkäse«. Hier wird anstelle von Lab eine Distelart – Cynara cadunculus – zur Milchgerinnung eingesetzt. Diese Distel wächst im Mittelmeerraum auf kargen Böden. Traditionell wird Distelkäse heute in Spanien, auf Gran Canaria sowie in Portugal produziert.

Käse macht Karriere

Mit dem Beginn der Weidewirtschaft und der Tierhaltung vor ca. 12.000 Jahren waren plötzlich größere Mengen Milch vorhanden. Mangels Kühlmöglichkeiten mussten Wege gesucht werden, um die verderbliche Milch aufzubewahren. Die Käseherstellung entstand dadurch vermutlich an verschiedenen Orten unabhängig voneinander. 5500 bis 5000 v. Chr. gab es Käse definitiv im heutigen Polen, in Mesopotamien, Kleinasien, Ägypten und Nordafrika. Bei den antiken Griechen war Käse eine Opfergabe an die Götter und beliebte Handelsware. Von den Griechen kam die Käseherstellung zu den Römern und von dort verbreitete sich die Käsekultur im restlichen Europa.

Klöster nahmen sich im Mittelalter des Produktes Käse an. Durch Aufzeichnungen in den Klöstern weiß man heute auch, wann einzelne Käsesorten entstanden sind. Zudem war Käse für Pilger ein idealer Proviant. Käse wurde aber auch für die Fastenzeit hergestellt, um in dieser auch sonst kargen Zeit die Verpflegung aufzufetten. Nach fettarmem Käse hat damals übrigens keiner gefragt.

Die Größe der Käselaibe hing historisch immer von der verfügbaren Milchmenge sowie von den Verkaufsmöglichkeiten ab. In Bergregionen wurden traditionell große, gereifte Käselaibe hergestellt, um diese nach der Zeit auf der Alm mit ins Tal nehmen und dort vermarkten zu können.

»Wie wollen Sie ein Volk regieren, das 246 Käsesorten hat?«
(Charles de Gaulle, franz. General und Staatspräsident, über Frankreich)

Heute wird die Zahl der unterschiedlichen Käsesorten weltweit auf 3000 bis 5000 geschätzt. Der Durchschnittsösterreicher isst pro Kopf und Jahr 20,5 kg Käse. Österreichische Käse werden auch in Deutschland, dem wichtigsten Exportland für heimische Käse, gerne verspeist.

Jung oder gereift?

Was passiert bei der Käsereifung? Bei der Käsereifung werden Eiweiß und Fett in unterschiedlichem Ausmaß gespalten. Durch den Eiweißabbau entsteht einerseits Umami-Geschmack – umami ist neben süß, sauer, salzig und bitter eine fünfte Geschmacksrichtung, die speziell in eiweißreichen Lebensmitteln vorkommt –, andererseits ändert sich die Konsistenz des Käses. Denken Sie an überreifen Camembert: Er wird innen flüssig! Umami ist übrigens keine neue Entdeckung. Der Geschmackseindruck wurde bereits vor hundert Jahren beschrieben, erst seit 2002 aber gilt er aber offiziell als fünfte Grundgeschmacksrichtung.

»Alter ist etwas, das keine Rolle spielt – es sei denn, man ist ein Käse.«
(Billy Burke, US-amerikanischer Schauspieler)

Käseplatte

Käse ist hierzulande weit verbreitet – auch in geschmolzener Form in Speisen, die mit Käse überbacken sind. Kulinarisch interessanter ist es aber selbstverständlich, verschiedene Käse im optimalen Reifungszustand inklusive Beigaben und Getränken zu degustieren. Eine gute Auswahl beinhaltet Käse aus Kuh-, Ziegen- und Schafmilch, eventuell auch Büffelmilch. Stellt der Käse die Hauptspeise dar, so sollten 200–250 g pro Person gerechnet werden, als Abschluss einer Mahlzeit genügen geringere Mengen. Üblich ist eine

Zusammenstellung aus Käsen mit unterschiedlicher Geschmacksintensität, damit für alle Genießer etwas dabei ist. Für eine Runde von Käseliebhabern kann der Schwerpunkt auf intensivere Käse gelegt werden.

Für die Käseauswahl bieten sich verschiedene Strategien an:

- Verkostung verschiedener Käsetypen aus einem ausgewählten Land
- Verkostung ähnlicher Käsetypen (z. B. nur Hartkäse) aus unterschiedlichen Regionen
- Verkostung einer Mischung von unterschiedlichen Käsetypen aus unterschiedlichen Ländern

VERKOSTUNGSTIPPS FÜR KÄSE

- **Mit Ausnahme von Frischkäse sollte Käse mindestens eine Stunde vor dem Verzehr aus dem Kühlschrank genommen werden. Idealerweise ist der Käse sogar raumtemperiert.**
- **Eine sinnvolle Verkostungsreihenfolge beginnt mit den milderen Käsesorten und endet bei den kräftigsten.**
- **Riechen Sie zuerst am Käse, bevor sie ihn in den Mund stecken. Woran erinnert Sie das jeweilige Aroma?**
- **Wer gerne Wein probiert, findet bei Käse und Wein äußerst harmonische Möglichkeiten und kann für jeden Käse einen idealen Partner finden. Die Sicherheitsvariante, die zu vielen Käsen passt, ist ein fruchtiger Weißwein mit Restsüße.**
- **Versuchen Sie doch einmal andere Beigaben als Äpfel, Birnen und Weintrauben. Selbst gemachtes Chutney aus Himbeeren etwa schmeckt zu vielen Käsesorten, besonders zu Schaf- und Ziegenkäse. Ebenfalls ein Genuss: Traubengelee aus frisch gepresstem Traubensaft.**

Steiermark

Führungen ✓
Verkostung/Kostprobe ✓
Shop ✓

41

ALMENLAND STOLLENKÄSE

Arzberg 104 • 8162 Passail
T: +43 (0) 31 79/23 0 50-0
M: office@stollenkaese.at
W: www.almenland-stollenkaese.at

Bis 1927 wurde in dem Stollen Silber abgebaut. Auch jetzt ist noch Silber im Gestein. Der Vorteil? Es wirkt antibakteriell – weshalb kein Schimmel wächst – und es hilft beim Reifen. Im Stollen hat es im Sommer wie im Winter konstant rund 10 °C und circa 96 bis 98 Prozent Luftfeuchtigkeit. Das hat Folgen ... hier wird Weltmeisterkäse erzeugt! Bei der Weltmeisterschaft 2012 in Wisconsin (USA) holte sich der Arzberger Bellino die Goldmedaille und weitere fünf Käse aus diesem Stollen heimsten ebenfalls eine Medaille ein. Was steckt da dahinter?

Die Führung beginnt im Sensorikraum, der geruchsneutral gehalten ist und in dem passenderweise auch Wein lagert. Gekostet wird allerdings zu Beginn noch nicht. Der Raum dient schließlich eher der professionellen Verkostung im Zuge des Herstellungsprozesses. Der Weg weiter in den Stollen führt die Besucher zuerst zum Salzbadstollen. Dreimal pro Woche wird, großteils in Handarbeit, die entstehende Rinde mit Salzwasser gebürstet. Dann werden die Käse sortenrein aufgeteilt. Zu sehen sind die einzelnen Reifungsstollen wie jener, in dem Rotkultur aufgepflegt wird. Die Käselaibe reifen 100 m tief im Stollen – je nach Sorte unterschiedlich lange.

Die Reifung selbst ist ein natürlicher Prozess. Viel eingegriffen wird in diesen Prozess nicht: Die Laibe werden lediglich gewendet und immer wieder mit Salzwasser gewaschen bzw. es wird Rotkultur aufgetragen. Zwischendurch wird Grundlagenwissen zu Käse und seiner Produktion eingeflochten. Ein Film vermittelt weitere Informationen zur Käseproduktion im Almenland. Den Abschluss bildet eine angeleitete und kommentierte Verkostung im Grubenhaus mit Käse aus Kuh-, Ziegen- und Schafmilch in allen Ausprägungen.

FAZIT

Ein außergewöhnliches Käseerlebnis, das alle Sinne anspricht! Ab sechs Personen ist eine Führung nach telefonischer Vereinbarung ganzjährig von Montag bis Samstag möglich.

Steiermark

42 BIOHOFKÄSEREI DEUTSCHMANN

- Interaktiv ✓
- Führungen ✓
- Verkostung/Kostprobe ✓
- Shop ✓

Oberberglastraße 10
8523 Frauental
T: +43 (0) 34 62/40 57
M: info@hofkaeserei-deutschmann.at
W: www.hofkaeserei-deutschmann.at

Wir befinden uns unverkennbar auf einem Bauernhof. Drei junge Kälber begrüßen uns gleich zu Beginn im Hof, aus dem wenige Meter entfernten offenen Stall sehen uns die erwachsenen Kühe mit großen Augen an und eine trächtige Kuh, die kurz vor der Entbindung steht, hat einen eigenen, ungestörten Platz vor dem Stall. Beste Bedingungen, um hier, im steirischen Schilcherland rund 25 km von Graz entfernt, Biorohmilchkäse zu erzeugen.

Nicht irgendwelcher Käse wird hier erzeugt, sondern Rohmilchkäsespezialitäten, die in die gehobene Spitzengastronomie und den exklusiven Delikatesshandel Eingang gefunden haben und nach Deutschland, Italien, Südtirol, Holland, Litauen und sogar bis nach Schanghai exportiert werden.

Hier lässt sich die Käseherstellung im wahrsten Sinn des Wortes hautnah erleben. Während wir im alten Stadel auf einfachen Heurigenbänken sitzen, muhen daneben die Kühe. Wir sehen einen Film über die Geschichte des Hofes und anschließend erklärt uns eine Mitarbeiterin alles über die Herstellung der unterschiedlichen Käsesorten. Schließlich geht es in die kulinarische Praxis: Zur Verkostung gibt es Brie, Kürbiskernkäse, Fasslkäse – einen Rotkulturkäse – und intensiven Blauschimmelkäse. Alles begleitet von äußerst fachkundigen sensorischen Kommentaren.

Beim Gang durch die Käserei kann der 1500 Liter fassende Käsefertiger aus nächster Nähe bestaunt und ein Blick in die Reiferäume geworfen werden. In dem kleinen Hofladen schließlich wird die gesamte Palette auch zum Kauf angeboten.

FAZIT

Hochwertige Spitzenkäse werden hier in bäuerlicher Handarbeit erzeugt. Mit Sicherheit auch für Kinder ein echtes Erlebnis.

PARADIESISCHE FRÜCHTE

Der Apfel ist unser Lieblingsobst, der Paradiesapfel (= die Tomate) das am meisten verzehrte Gemüse. Grund genug, diese beiden als Stellvertreter für Obst und Gemüse zu betrachten, die Abgrenzung ist ohnehin unscharf. Obst stammt – botanisch betrachtet – von mehrjährigen Pflanzen ab und entsteht aus einer befruchteten Blüte, unter Gemüse werden unterschiedliche Teile von einjährigen Pflanzen verstanden. Manche – etwa Tomaten, aber auch Paprika, Zucchini, Kürbis und Gurken – entstehen aus befruchteten Blüten von einjährigen Pflanzen. Sie werden daher oft als »Fruchtgemüse« bezeichnet.

»Knowledge is knowing that a tomato is a fruit,
wisdom is not putting it in a fruit salad.«
(Miles Kington, britischer Journalist und Musiker)

Der uralte Apfel

Vorläufer von Wildformen des Apfels soll es in Südchina bereits in der Kreidezeit vor ca. 65 Millionen Jahren gegeben haben. Etwa 10.000 v. Chr. wurde der Apfel erstmals in der Region um das Kaukasusgebirge und im heutigen Kasachstan angebaut. In der Antike kam er nach Süd- und Osteuropa, wo er von den Griechen kultiviert wurde. Die Römer hatten bereits 100 verschiedene Apfel- und Birnensorten. Mit dem Ende des Römischen Reiches endete auch der Obstanbau.

Es ist – wieder einmal – den Klöstern zu verdanken, dass der Apfelanbau einige Hundert Jahre später wiederbelebt wurde. Zisterzienser und Benediktiner gründeten Baumschulen und kultivierten Sorten für den Frischverzehr. Im Gebiet des heutigen Österreichs gab es zwar wahrscheinlich schon 6000 v. Chr. Wildäpfel. Wirklich bedeutend wurde der Apfel aber erst im 17. Jahrhundert, als neben dem Frischapfelverzehr der Most aufkam. Mitte des 19. Jahrhunderts soll es hierzulande 3000 Apfel- und Birnensorten gegeben haben.

Der moderne Apfel

In den 1950er- und 1960er-Jahren ersetzten Obstplantagen in Österreich zunehmend den Streuobstanbau, Tafelobst war »in«. Da viele Sorten keine wirtschaftliche Bedeutung hatten, wurde 1965 die Sortenvielfalt reduziert, wodurch leider viele Kostbarkeiten für immer verschwanden. Dennoch nimmt der Apfel in Österreich nach wie vor den ersten Platz unter den Früchten ein.

Der mythische Apfel

Der Apfel hat zweifellos einen symbolischen Status, dennoch sind manche Zuordnungen falsch. Das beginnt bereits in der Bibel. Adam und Eva lebten im Garten Eden, bis eine Schlange die beiden dazu brachte, trotz Gottes Verbot eine Frucht vom Baum der Erkenntnis zu essen, und Gott beide in der Folge aus dem Garten Eden vertrieb. Konkret wurde der Apfel in der Bibel allerdings nie genannt, es ist immer nur vor der »Frucht« die Rede. Diese Frucht könnte durchaus eine Feige gewesen sein, bedeckten sich Adam und Eva doch aus Scham nach dem Genuss der Frucht mit Feigenblättern. Woher kommt dann der Apfel? Im Lateinischen ist malus das Wort für »Apfelbaum« und gleichzeitig für »schlimm, böse«. Die böse Frucht wurde in der Folge als Apfel interpretiert.

Der Apfel spielt auch im trojanischen Krieg eine gewichtige Rolle. Die drei Göttinnen Hera, Ehefrau und Schwester von Zeus, sowie deren Töchter Athene und Aphrodite waren zu einer Hochzeit geladen. Nicht geladen war Eris, die Göttin der Zwietracht. Als Racheakt warf diese einen goldenen Apfel mit der Aufschrift »für die Schönste« in die Runde. Aus dieser Geschichte leitet sich der Ausdruck »Zankapfel« ab, da sich Hera, Athene und Aphrodite um den Apfel zankten. Die drei baten Zeus, zu entscheiden, wer die Schönste sei. Zeus schob Paris, dem verstoßenen Königssohn Trojas, die Entscheidung zu. Sodann versprach Hera Paris politische Macht, Athene Weisheit und Kriegskunst, Aphrodite die schönste Frau auf Erden – Helena. Diese war allerdings bereits mit König Menelaos von Sparta verheiratet. Dennoch gab Paris Aphrodite den Apfel, er wollte die schöne Helena. Auslöser des Trojanischen Krieges war dann die Entführung der Helena durch Paris. Die Griechen zogen aus Rache gegen Troja, konnten jedoch die stark befestigte Stadt zehn Jahre lang nicht erobern. Als sie ein großes hölzernes Pferd bauten, in dem sich Krieger versteckten, holten die Trojaner das Pferd in die Stadt. In der Nacht kletterten die Griechen aus ihrem Versteck und konnten die Trojaner überwältigen.

Der sprichwörtliche Apfel

»Der Apfel fällt nicht weit vom Stamm.« Für dieses Sprichwort gibt es zwei unterschiedliche Deutungen. Die bekannte ist jene, dass Kinder ähnliche Eigenschaften und Verhaltensweisen wie ihre Eltern haben. Eine andere geht auf die alten Germanen zurück. Der »Abfell« war ein Zwilling, dessen Bruder durch eine Stammesfehde gestorben war. Der Abfell durfte zum Trost ein Jahr lang jede Nacht mit einer Frau seiner Wahl verbringen und außerdem so viel Met trinken, wie er wollte. Nach Ablauf des Jahres musste sich der Abfell allerdings vor der Befestigung des Dorfes selbst entleiben. Der Abfell »fällt« also nicht weit von seinem Stamm.

Der sportliche Apfel

Bei den ersten griechischen Olympischen Spielen im Jahr 776 v. Chr. wurde der Sieger noch nicht mit einer Goldmedaille belohnt. Er bekam … einen Apfel! Heute ist der Apfel nicht die Belohnung, er begleitet aber so manchen (Breiten)Sportler auf seinem Weg zum Erfolg. Denn Apfelsaft ist, mit Wasser im Verhältnis 1:3 verdünnt und mit einer Prise Salz angereichert, das ideale Getränk für Läufer oder andere Ausdauerbreitensportler.

Der Paradiesapfel = die Tomate

Tomate oder Paradeiser – das ist hier die Frage. Der früher in Österreich noch häufiger gebrauchte Ausdruck »Paradeiser« leitet sich vom »Paradiesapfel« ab. Die Herkunft des Begriffs Tomate ist im Vergleich dazu äußerst banal. Er stammt vom altmexikanischen tomatle ab, was in der Pflanzenkunde »Schwellkörper« bedeutet. Ursprünglich stammt die Tomate aus den peruanischen Anden. Von dort breitete sie sich nach Mexiko aus und kam im 16. Jahrhundert nach Europa. Erst Ende des 19. Jahrhunderts landete sie im deutschsprachigen Raum. Heute sind Tomaten in Österreich mit Abstand das beliebteste Gemüse. Wir sind der Tomate kulinarisch treu.

Hingegen werden unzuverlässige Menschen als »treulose Tomate« bezeichnet. Diese Redensart hat mit der Unsicherheit der Tomatenernte im 19. und 20. Jahrhundert zu tun. Als sich die Italiener im Ersten Weltkrieg auf die Seite der Alliierten begaben, wurden die »treuebrüchigen« Italiener den Tomaten gleichgesetzt – der Begriff der treulosen Tomate war geboren.

Eine andere Erklärung hat ebenso mit Untreue zu tun, allerdings in der Liebe: In Frankreich hieß die Tomate früher Liebesapfel. Der Liebesapfel könnte über die Untreue in der Liebe ebenso zur treulosen Tomate geführt haben. Zum »Paradiesapfel« gibt es zwar weniger Legenden als zum Apfel – legendär ist aber auch hier die Sortenvielfalt. Haben Sie bereits Helena, Erika oder Julia kennengelernt?

VERKOSTUNGSTIPPS FÜR ÄPFEL

- **Es empfiehlt sich, sechs bis acht unterschiedliche Sorten zu verkosten. Im direkten Vergleich fallen Unterschiede deutlicher auf als beim Verkosten jeweils nur einer Apfelsorte.**
- **Wie sieht die Frucht aus? Welche Farbe hat sie, welche Form, wie ist die Schale beschaffen? Wie riecht die Schale, wie das Fruchtfleisch? Duftet der Apfel leicht zitrusartig, birnig, grasig oder erdig? Schmeckt er eher süß oder säuerlich oder gar leicht bitter? Ist er besonders adstringierend, d. h. zieht es Ihnen beim Verkosten den Mund zusammen? Ist die Textur fest und knackig, ist der Apfel saftig oder weich und mehlig? Ist die Schale beim Abbeißen zäh?**
- **Lassen Sie sich nicht nur vom Äußeren des Apfels blenden!**

Niederösterreich

43 ARCHE NOAH SCHAUGARTEN

Interaktiv ✓
Führungen ✓
Shop ✓

Obere Straße 40 • 3553 Schiltern bei Langenlois
T: +43 (0) 27 34/86 26
M: elisabeth.veen@arche-noah.at
W: www.arche-noah.at/schaugarten

Schon vor über 300 Jahren wurden die »Hoffgärten« des Schloss Schiltern erwähnt. Der heutige Schlossgarten wurde damals als »Kuchlgarten« bezeichnet. 1994 eröffnete die Arche Noah genau dort einen Schaubetrieb, in dem mehr als 500 Sorten Gemüse, Kräuter, Zierpflanzen und Obstgehölze besichtigt werden können.

Hier muss man sich einfach wohlfühlen – wie es duftet! Es sieht schön und bunt aus, Salate wuchern, Blumen blühen in allen Farben. Es summt und surrt – hier fühlen sich offensichtlich auch Insekten wohl.

Bei der Führung werden wertvolle Infos über diverse Pflanzen geboten. Eine Schauwabe gewährt Einblick ins Leben der Honigbiene. Im Zuge eines Kräuterrätselspiels (samt Auflösung) kann man sein Wissen testen: Welches Kraut ist gegen Rheuma gewachsen? Welches hilft bei Kopfschmerzen? Die richtige Antwort findet sich im Kräuterbeet.

An einer Führung können Einzelpersonen, aber auch Schulklassen teilnehmen, für die es spezielle Kinderprogramme gibt. An ausgewiesenen »Raritätensonntagen« werden eigene Familienführungen angeboten. Ländliche und urbane Hobbygärtner können im Shop zahlreiche Pflanzen erstehen: Gemüse, Beeren, Kräuter, Obstbäume, darunter viele Raritäten.

FAZIT

Im Sommer besonders empfehlenswert, lohnt sich ein Besuch aber das ganze Jahr über – Termine für Führungen stehen auf der Webseite der Arche Noah.

Niederösterreich

Interaktiv ✓

Führungen ✓

44 ERDÄPFELMUSEUM

Am Schulberg 8, 2185 Prinzendorf
T: +43 (0) 25 33/89 9 38
oder +43 (0) 699 120 39 700 (Hr. Huber)
W: www.noemuseen.at
>> Museen und Sammlungen

Erst um etwa 1760 wurde in der Gegend rund um Prinzendorf mit dem Anbau von Erdäpfeln begonnen – bedingt durch eine Hungersnot und auf Initiative von Pfarrer Johann Eberhard Jungblut. Den Beinamen »Erdäpfelpfarrer« erhielt er aufgrund seiner Bemühungen, die Kartoffel in ganz Niederösterreich zu verbreiten und einzubürgern.

Im ehemaligen Pfarrhof ist seit 1973 das Museum untergebracht. Hauptanliegen ist es, das Grundnahrungsmittel vor allem Kindern näherzubringen. Besondere Erlebnisorte sind die 200 Jahre alte Scheune und der Garten. Dort ist in Form eines Freilichtmuseums eine Reihe von landwirtschatlichen Geräten zu sehen: alte Traktoren, Mähdrescher, Pflüge sowie Maschinen zum Kartoffelsetzen, -ernten und -waschen. Auch eine über sechzig Jahre alte Kartoffeldämpfkolonne ist ausgestellt, die früher eingesetzt wurde, um das Futter für Schweine zu dämpfen.

Das Museum veranstaltet alljährlich im Frühjahr und im Herbst Erlebnistage für Kinder: Dabei können sie Kartoffeln setzen oder ernten sowie Bratkartoffeln zubreiten.

Im 250 Jahre alten Hofgebäude informieren Schautafeln über unterschiedliche Erdäpfelsorten. Zudem ist die alte Küche noch im ursprünglichen Zustand mit alten Krapfspritzgeräten usw. zu sehen.

FAZIT

Die Erdäpfeltage sind für Kinder ein Erlebnis! Herr Huber, der die Führungen leitet und die Erlebnistage gestaltet, lebt für seine Sache und bringt Groß und Klein engagiert, sachkundig und herzlich Wissenswertes über die »Grundbirne« näher. Anmeldung vorab ist jedenfalls erforderlich.

Steiermark

45 HAUS DES APFELS

Führungen ✓
Shop ✓
Gastronomie ✓

Mostschank Kelz, Harl 25
8182 Puch
T: +43 (0) 31 77/31 17
M: mostschank.kelz@aon.at
W: www.mostschank-kelz.at

Das »Haus des Apfels« trägt seinen Namen zu Recht! Hier erfährt man wahrlich alles rund um das Lieblingsobst der Österreicher. Seit 1990 beherbergt die Familie Kelz auf ihrem Apfelhof dieses Apfelmuseum, das auf Initiative des Verbandes »Steirische Apfelstraße« ins Leben gerufen wurde.

Schon direkt an der Einfahrt steht das erste Schaustück, das nicht zu übersehen ist: ein stattlicher alter Wetterturm. Ein Obstgarten mit zahlreichen (alten) Apfelsorten lädt zu einem Spaziergang im Freigelände ein. Auf den zugehörigen Schautafeln werden deren jeweilige Eigenschaften beschrieben. Wie wichtig Bienen für den Obstgarten sind, wird im Bienenhaus klar, wo es im Schaubienenstock gewaltig wurrlt. Ein altes Presshaus erzählt vom Obstpressen, wie es früher war.

Kernstück des Museums aber ist die im Obergeschoß der Buschenschank befindliche Schausammlung. Und die ist eindrucksvoll! Es beginnt mit Geschichten aus den Anfängen des Apfels von der Steinzeit über die Völkerwanderung bis heute, weiters ist zu erfahren, von welchen Obstgewächsen der Apfel abstammt und welche Rolle der Apfel in Mythologie, Religion und Brauchtum spielt. Wissenswertes zur Pomologie, der Obstbaukunde, fehlt ebenfalls nicht. Aufgelockert wird die Präsentation durch interessante oder witzige Zitate rund um den Apfel.

Im zweiten Raum geht es um Baumpflege, Apfelernte, Sortierung und Lagerung, Vermarktung und Verkauf in früheren Zeiten sowie um Schädlingsbekämpfung oder Hagelabwehr. Letzterer dienten etwa die »Italienische Rakete« und die Wetterkanone, die es hier im Original zu sehen gibt.

Zum Schluss ist die Veredelung dran: Unter der Schautafel der Süßmosterzeugung steht ein alter Tischherd und eine Minischnapsbrennerei aus alter Zeit vermittelt einen plastischen Eindruck der damaligen Arbeitsweise. Besonders witzig ist das ausgestellte »Apfelradio«, das mit einer »Apfelbatterie« betrieben wird.

Auf dem Weg zur Buschenschankstube kann es übrigens durchaus sein, dass einem das namenlose Gänsepaar begegnet, das unter den Apfelbäumen sein Zuhause gefunden hat.

FAZIT

Wer sich für Äpfel interessiert,
für den ist ein Besuch im »Haus des Apfels« Pflicht!

Burgenland

46 OBSTPARADIES

Kalch 39
8385 Neuhaus am Klausenbach
T: +43 (0) 33 29/26 65,
+43 (0) 664 452 17 28
M: office@obstparadies.at
W: www.obstparadies.at

Interaktiv ✓
Führungen ✓
Verkostung/Kostprobe ✓
Shop ✓

Im südlichsten Ort des Burgenlandes direkt im Dreiländereck Slowenien–Steiermark–Burgenland, liegt ein echtes Obstparadies. Hier werden Natur, Wissen und Spiel gekonnt und einfallsreich miteinander verbunden. Kein Wunder, ist doch unsere Führerin, Rosalinde Lendl, zertifizierte Naturpark- und Erlebnisführerin sowie Mostsommelière.

Am Areal befindet sich der »Sortengarten Burgenland«, ein Gemeinschaftsprojekt des Obstparadieses mit dem burgenländischen Naturschutzbund. Dort wachsen auf 1,6 ha 165 Apfelsorten, 52 Birnensorten, 34 Kirschsorten und weitere 24 Steinobstsorten. Jeder Baum ist einzeln beschildert. Es handelt sich dabei um einen der größten Sortenerhaltungsgärten Österreichs.

Die Führung vermittelt einen lebendigen Einblick in das Ökosystem dieses Gartens. Da geht es um Kräuter, die dort wild wachsen, und um Nützlinge und Schädlinge, die im Boden und auf den Bäumen residieren. Eine Livekamera ermöglicht sogar einen Blick direkt in einen der angebrachten Nistkästen. Für Kinder gibt es ein »Klassenzimmer« im Freien für die »Schule am Bauernhof«. Obwohl wir längst aus dem Schulalter heraußen sind, nehmen wir dort Platz. Ebenso wenig lassen wir uns abhalten, ein »Frostspanner-Rennen« zu veranstalten oder die riesigen Lausch- und Hörrohre zu testen. Nur das Standesamt, an dem tatsächlich schon mal Hochzeiten stattfinden, lassen wir sicherheitshalber aus und klimpern dafür ein wenig auf dem überdimensionalen Holzklavier.

Dann geht es nach innen, in den Gästeraum, wo uns ein Film, Apfelsaft und -most sowie einige Kostproben direkt von den Obstbäumen erwarten. Zu guter Letzt steigen wir in den Keller hinab, genauer gesagt in die Mostothek, die sich im 300 Jahre alten Gewölbekeller des Hauses befindet. Dort kann jeder Mostproduzent seine Moste für Verkostungen bereitstellen. Einzige Bedingung: Der Most muss in Österreich bei einer Landes- oder Bundesprämierung mit Gold ausgezeichnet worden sein. Na dann: Prost! Ach nein – bei Most heißt es ja »Gesundheit« ...

FAZIT

Das Obstparadies macht seinem Namen alle Ehre – der Besuch ist für Kinder wie für Erwachsene ein echtes Highlight!

GEWÜRZE UND KRÄUTER: PIKANTE DETAILS

Seit wann würzt der Mensch seine Nahrung? Seit ca. 50.000 v. Chr. werden Kräuter mit dem Ziel gesammelt, Geschmack und Haltbarkeit von Speisen zu verbessern. In Mexiko wurden wilde Chilis schon vor 9000 Jahren verwendet. Kapern werden im Raum der heutigen Türkei seit 6700 Jahren kulinarisch genützt. Dill war bereits 3600 v. Chr. im westlichen Alpenraum ein heimisches Würzkraut. Safran ist 3600 Jahre alt und stammt, was die wenigsten wissen, aus Griechenland.

Gewürze sind Pflanzenteile, die aufgrund ihrer natürlich enthaltenen Geruchs- und Geschmacksstoffe bei der Zubereitung von Speisen eingesetzt werden. Der Name »Gewürz« stammt vom mittelhochdeutschen »wurz« ab, das ursprünglich Wurzel bedeutete. Als Pflanzenteile kommen aber nicht nur Wurzeln, sondern auch Wurzelstöcke, Zwiebeln, Rinden, Blätter, Blütenknospen, Blüten, Früchte oder Samen als Gewürze infrage.

Viele exotische Gewürze wurden in Europa erst im Mittelalter bekannt. Sie wurden zunächst nur von der reichen Bevölkerung verwendet und waren ein Statussymbol. Allerdings dienten sie nicht nur zum Würzen, sondern auch als Arzneimittel. Pfeffer, Gewürznelken, Muskatnuss, Muskatblüte, Zimt, Kardamom, Ingwer, Galgant, Safran und die heute kaum bekannten Paradieskörner waren damals gefragt. Mit dem Anbau von Safran wurde in Österreich um 1200 begonnen, wo er bis ins 19. Jahrhundert weit verbreitet war.

Gewürze gegen Bakterien?

Gewürze wurden im Mittelalter nicht, wie oft fälschlich behauptet, zum Verbessern von bereits verdorbenem Fleisch eingesetzt. Gewürze können bereits verdorbene Lebensmittel definitiv nicht mehr genießbar machen, verzögern aber umgekehrt bei frischen Lebensmitteln den Verderb und verlängern die Haltbarkeit.

Extrakte aus Zimt, Gewürznelken und Oregano konnten bei einer Untersuchung das Wachstum mancher Bakterienstämme auf rohem Schweinefleisch unterdrücken. Die ätherischen Öle von Kurkuma und Zitronengras reduzierten das Bakterienwachstum auf Muscheln, Rosmarinextrakt auf geräucherten und vakuumierten Hechtbarbenfilets.

Safran macht den Kuchen gel(b). Und gschmackig!

Safran, Gelbwurz, Paprika, Sandelholz und viele Kräuter können Lebensmitteln Farbe verleihen. Das ist aber bekanntlich nur einer von vielen Gründen, Gewürze einzusetzen. Bedeutend sind der Würzcharakter sowie die physiologische Wirkung, die manche Würzpflanzen zweifelsohne besitzen: von der Anregung des Appetits vor dem Essen bis zur Förderung der Verdauung danach.

»Nahrung, die nicht vor dir wegläuft
und die dich nicht angreift,
ist vermutlich gut verdaulich.«
(Christa Schyboll, freie Journalistin)

Der Würzcharakter ist für den Menschen äußerst angenehm, wurde von den Pflanzen aber keineswegs vorgesehen. Bei ihnen sind ätherische Öle dazu da, die Samenkeimung und das Wachstum der umgebenden Pflanzen zu hemmen, die Pflanze vor tierischem (und auch menschlichem!) Fraß oder vor Bakterien- und Pilzbefall zu schützen. Gleichzeitig ziehen ätherische Öle Insekten an und sorgen somit für die Bestäubung der Pflanze.

Welches Gewürz passt zu welcher Speise? Es gibt wohl unzählige Sammlungen, Überlieferungen und Tipps, welche Kräuter und Gewürze welchen Speisen zugegeben werden sollen. Diese machen Sinn, haben sich doch jahrhundertelange Traditionen vermutlich nicht umsonst entwickelt. Nomen est omen: Wer Bohnenkraut zu Bohnengerichten zugibt, verhindert Blähungen. Neue Zutaten, neue Rezepte und nicht zuletzt neue Gewürze verlangen aber manchmal nach Ideenreichtum!

»Ein saftiges Bohnenkraut ist besser als ein trockener Hummer.«
(Paul Bocuse)

Genuss- oder Heilpflanze?

Die wichtigsten Funktionen von Gewürzen sind für uns – neben dem Würzcharakter und der Haltbarmachung – gesundheitlicher Natur. Rosmarin zum Beispiel wirkt anregend und ist daher für Menschen mit niedrigem Blutdruck ein interessantes Gewürz.

Viele Kräuter haben eine beruhigende und entspannende Wirkung: So ist Basilikum nicht nur der Tomatenbegleiter schlechthin, sondern auch krampflösend und beruhigend. Sein Name stammt übrigens von basileus = König ab. Auch Lavendel, der es in den letzten Jahren verstärkt vom Kräuterkissen in die Küche geschafft hat, wirkt beruhigend.

Selbst Vitamine sind ein Thema, wenn Kräuter in größeren Mengen genossen werden: Wildkräuter wie der Giersch trugen während der beiden Weltkriege zur Vitaminversorgung vieler Menschen bei. Kräuter können durch Trocknen, Lagern und Kochen bis zu 60 Prozent ihres Vitamin-C-Gehalts verlieren, während der Vitamin-E-Gehalt oft gleich bleibt oder gar ansteigt.

Was aber unterscheidet eine Würzpflanze von einer Heilpflanze? Eine Heilpflanze wird aufgrund ihres Gehalts an Wirkstoffen zur Heilung oder Linderung von Krankheiten eingesetzt.

Bei der »Phytotherapie« werden Krankheiten mit pflanzlichen Arzneimitteln therapiert bzw. werden diese prophylaktisch verwendet. Die Anwendung basiert jedoch auf medizinisch-naturwissenschaftlichen Grundsätzen. Die Pflanzenheilkunde hat sich in unterschiedlichen Kulturen entwickelt und ist ebenso Bestandteil der 5-Elemente-Ernährung in der traditionellen chinesischen Medizin (TCM) wie der traditionellen indischen Heilkunde (Ayurveda) oder der traditionellen europäischen Heilkunde (TEH).

In Europa kümmerten sich Kirchen und Klöster in der Vergangenheit nicht nur um Wein, Bier und Käse, sondern auch um Kräuter und Gewürze. Die Benediktinerin Hildegard von Bingen beschrieb im 12. Jahrhundert die Heilkraft von Gewürzen. Sebastian Kneipp, ein bayrischer Priester, verbreitete im 19. Jahrhundert mit der Kneippkur nicht nur die Behandlung mit Wasser, sondern sah Gesundheit auf fünf Säulen begründet: Wasser, Ernährung, Heilkräutern, Bewegung und der Lebensordnung.

Das 19. Jahrhundert markiert in der Pflanzenheilkunde eine Wende, da eine wissenschaftliche Untersuchung der Inhaltsstoffe von Heilpflanzen mithilfe chemischer Methoden begann.

VERKOSTUNGSTIPPS FÜR GEWÜRZE

- **Nicht alle Gewürze eignen sich pur zum Verkosten! Gewürze und Kräuter aus unterschiedlichen Herkunftsregionen können Sie pur nach Aussehen und Geruch vergleichen.**

- **Geschmacklich funktioniert der Vergleich am besten, wenn sie das gleiche Gericht parallel zweimal kochen und dafür jeweils Gewürze aus unterschiedlichen Herkunftsregionen wählen.**

Niederösterreich

Führungen ✓
Verkostung/Kostprobe ✓
Shop ✓
Gastronomie ✓

47 SONNENTOR KRÄUTER-SINNES-ERLEBNIS

Sprögnitz 10 • 3910 Zwettl
T: +43 (0) 28 75/72 56-100
M: office@sonnentor.at
W: www.sonnentor.com

Wer sich Sonnentor als kleinen Biokräuterprodukte-Produzenten vorstellt, liegt völlig falsch. Die Zentrale im Waldviertel hat heute Dimensionen, die einem spätestens beim Anblick der riesigen Lagerhalle den Atem rauben. Trotzdem vermittelt die Führung den Eindruck eines äußerst sympathischen, persönlichen, mitarbeiterorientierten Betriebes. »Gesundheit, Genuss und gutes Gewissen«, das ist die Philosophie des Firmengründers Johannes Gutmann, optisch bekannt durch seine charakteristische runde rote Nickelbrille und seine Vorliebe für die über 80 Jahre alte Lederhose. Er hat es geschafft, vom belächelten Idealisten zum »Familienoberhaupt« der 150 Vertragsbauern zählenden Sonnentor-Familie aufzusteigen, die mittlerweile am internationalen Kräutermarkt kräftig mitmischt.

Wir starten im Kräuterstreichelgarten, einem kleinen, beschilderten Schaugarten, wo uns ein pensionierter Mitarbeiter die Unternehmensphilosophie des Biobetriebes authentisch und humorvoll näherbringt. Weiter geht's in den Vorführraum. Dort erwarten uns Kostproben von Kräutertee, Keksen und Knabbereien. Die Zeit zum Verkosten wird fast zu kurz, aber der Film über Firmengeschichte und Kräuterproduktion der Bauern bis hin zur Anlieferung beginnt. Rund 700 Tonnen getrocknete Kräuter werden jährlich angeliefert.

Nach der Übernahmestation geht es in die gewaltigen Lagerhallen. Die Aufbereitungshalle darf zwar nicht besucht werden, dafür demonstriert uns der Führer eine alte Sortiermaschine. Das Herzstück der Produktion ist die Mischerei. Rund 75 Prozent der Produktion werden in 52 Länder exportiert. Sonderverpackungen und -bestellungen werden dort von fleißigen Mitarbeitern tatsächlich händisch verpackt und etikettiert.

Im Außenbereich lädt die Hildegard-Kräuteroase mit einem kleinen Biotop zu einem Spaziergang ein. Zum Aufwärmen oder Abkühlen – je nach Saison – nimmt man im gemütlichen Tee- und Kaffeehaus »Genuss-Reich« Platz oder gustiert im umfangreich sortierten Geschäft, das über und über voll mit Sonnentor-Produkten ist.

FAZIT

Ein äußerst interessanter Einblick in die Kräuterwelt von Sonnentor und dessen nachhaltige Unternehmensphilosophie. Für Kinder gibt es eigene Führungsprogramme und einen großen Spielplatz.

Niederösterreich

48 WACHAUER SAFRAN MANUFAKTUR

- Führungen ✓
- Verkostung/Kostprobe ✓
- Shop ✓
- Gastronomie ✓

Bahnhof Dürnstein • 3601 Dürnstein 76
T: +43 (0) 699 119 60 730
M: info@wachauer-safran.at, fuehrungen@wachauer-safran.at
W: www.wachauer-safran.at

Haben Sie gewusst, dass Safran bis vor etwa 100 Jahren auch in österreichischen Hausgärten beheimatet war? Der Ökologe Bernhard Kaar weiß das seit einigen Jahren und damit war es nur ein kleiner Schritt zur Wachauer Safran Manufaktur. Auf Steinterrassen rund um Dürnstein bauen er und seine Lebensgefährtin Safrankrokus an und veredeln ihn zu Safranmarmelade, -essig, -schokolade, -pralinen und -kuchen. Letzteren kannten noch unsere Großeltern und viele von uns aus der Liedzeile »... Safran macht den Kuchen gel«.

Der Hofladen mit den Safranprodukten befindet sich im alten Dürnsteiner Bahnhof, den Kaar gekauft hat. Den alten Warteraum hat er zum Seminarraum umfunktioniert und gibt dort nun sein umfangreiches Safranwissen, das er sich seit 1993 durch zahlreiche Feldversuche angeeignet hat, an alle Interessierten weiter. Und zum Anschauen und Angreifen gibt es einen Schaugarten vor dem Eingang.

So erfahren wir etwa, dass Safran keineswegs ursprünglich aus dem Orient stammt, sondern aus Griechenland. Oder wie Safranfälschungen zu erkennen sind. Denn die Gefahr, unechten Safran zu kaufen, ist groß, besonders auf arabischen Märkten. Wer sichergehen will, kann Safran heute wieder selbst im Garten ziehen. Die Knollen dafür gibt es ebenfalls in der Safranmanufaktur, Anbautipps inklusive.

Das Ziel von Bernhard Kaar ist hoch gesteckt: Er möchte den Safrananbau in Österreich wiederbeleben und österreichischen Safran in die heimischen Küchen zurückholen. Wer die Safranprodukte einmal verkostet hat, weiß, dass die Chancen gut stehen, dieses Ziel zu erreichen. Besonders für Süßspeisen und Desserts eignet er sich hervorragend als Gewürz. Eine Schande, dass er heute fast nur zum Färben von Speisen oder für Safranreis verwendet wird. Führungen werden ab zehn Personen angeboten.

FAZIT

Der Besuch der Wachauer Safran Manufaktur und Bernhard Kaars unglaublich kompetenten und umfangreichen Seminars rund um das teuerste Gewürz der Welt ist für alle (Hobby)Gärtner, Feinschmecker und Köche ein Pflichtausflug! Die Seminare werden in der Wachauer Safran Manufaktur auch in Englisch, Französisch und Spanisch angeboten.

ZUCKER, HONIG, SCHOKOLADE – DIE SÜSSEN SEITEN

Süß, das bedeutet für uns Menschen von jeher Energie. Kein Wunder also, dass wir für süß eine angeborene Vorliebe haben! Bereits in der Jungsteinzeit waren Menschen gierig auf Honig. Eine Höhlenmalerei in der Gegend um Valencia in Spanien zeigt, dass wilder Honig schon vor 12.000 Jahren gesammelt wurde. Vor 7000 Jahren begannen Menschen in der Türkei erstmals Bienen zu halten.

Ohne Honig gäbe es auch keine Mumien. Die antiken Ägypter verwendeten ihn als Desinfektionsmittel, Bienenwachs wurde zudem auf Augen, Ohren, Nase, Mund und Wunden gestrichen. Beides konnte die Verwesung aufhalten. Bei den alten Griechen hatte Honig ebenso entsprechenden Stellenwert: So soll Göttervater Zeus als Kleinkind Milch und Honig geschlürft haben. Die Griechen kauten Bienenwachs angeblich auch als Kaugummi, um das Zahnfleisch zu stärken.

»A bee or not a bee, that is the question.«

Für ein Kilo Honig müssen Bienen umgerechnet sechsmal um die Erde fliegen. 8000 bis 10.000 Blütenbesuche sind für 1 g Honig nötig. Ein Teelöffel Honig ist also die Lebensleistung einer Biene! Imkerei brachte aber nicht nur Honig, sondern auch Licht in Form von Wachskerzen. So konnten über Jahrtausende zwei menschliche Bedürfnisse gestillt werden – jenes nach Süßem und jenes nach Helligkeit. Unanfechtbar ist zudem, dass Bienen für die Bestäubung wesentlich sind. Weltweit werden 80 Prozent aller Blüten von Insekten bestäubt, 85 Prozent davon übernimmt die Biene.

Zucker blickt auf eine kürzere Historie zurück. Die Kultivierung von Zuckerrohr begann vor rund 8000 Jahren auf Neuguinea und gelangte über die Philippinen nach Indien und Indonesien. Um das Jahr 600 entdeckten die Perser, wie man aus dem Saft des Zuckerrohrs Zucker gewinnen kann: In hohe Ton- oder Holzkegel wurde erhitzter Zuckerrohrsaft gefüllt, der in der Spitze zu Zucker kristallisierte – so bildete sich ein »Zuckerhut«, der manchen

noch von der Feuerzangenbowle vertraut ist. Erst mit den Kreuzzügen gelangte Zucker aus Zuckerrohr nach Europa. Im Mittelalter kostete Zucker jedoch ein Vielfaches von Honig und war daher der reichen Schicht vorbehalten. Es sollte noch länger dauern, bis der Honig bei allen Bevölkerungsschichten weitgehend von Zucker abgelöst wurde. Schlüssel dafür war der erstmalige Zuckergewinn aus Zuckerrüben im 18. Jahrhundert. 1801 öffnete die erste Rübenzuckerfabrik der Welt in Deutschland.

Manches Mal wächst Geld auf Bäumen

Nicht nur Zucker, auch Kakaobohnen waren im 16. Jahrhundert buchstäblich Gold wert. So zeigt eine Preisliste aus Mittelamerika aus dem Jahr 1545, dass drei Kakaobohnen den Gegenwert einer Avocado hatten und man für 30 ein kleines Kaninchen, für 200 einen Truthahn bekam. Kein Wunder also, dass Kakaobohnen gefälscht wurden und »Tonbohnen« sowie minderwertige, mit Farbe angemalte Bohnen in Umlauf kamen. Bis Anfang des 19. Jahrhunderts sollen die Bohnen als Zahlungsmittel verwendet worden sein – vor allem in unabhängigen zentralamerikanischen Staaten wie Nicaragua. Mitte des 19. Jahrhunderts lösten die aus den USA eingeführten Münzen die Kakaobohnen als Zahlungsmittel endgültig ab.

Leider keine Sünde!

Durch die spanischen Konquistadoren kam Kakao in die »alte Welt«, wo er aufgrund seiner aphrodisierenden Wirkung vom Adel begeistert aufgenommen wurde. In Spanien war die Lust an der Schokolade so groß, dass sich vornehme Damen wünschten, die Kirche würde sie verbieten, damit sich mit der Sünde Reiz und Genuss noch erhöhten.

Für die Bezeichnung Nougat gibt es übrigens zwei Theorien: Der einen nach stammt es vom lateinischen nux gatum (Nüsschen), der anderen nach – etwas charmanter – vom französischen »Tu nous gâtes« – Du verwöhnst uns!

Auch den Namen »Bonbon« verdanken wir den Franzosen. Der französische König Henri IV. war ein ausgesprochener Bonbon-Liebhaber. Zu seiner Hochzeit im Jahr 1572 soll er seinen Gästen ein buntes Potpourri an Zuckerwaren offeriert haben. Die Kinder auf dem Fest sollen vor Begeisterung »Bon! Bon!« (französisch: gut) gerufen haben. Und dies hat offenbar dazu geführt, dass die süßen Naschereien seither als Bonbons bezeichnet werden.

Süße Medizin

Apotheker wurden Anfang des 13. Jahrhunderts »confectionarii« genannt, als sie Medikamente mithilfe von Zucker schmackhafter machen wollten. Kräuter, Gewürze und Heilpflanzen wurden mit Zucker gekocht. So hatte damals die Oberschicht »therapeutische Süßigkeiten« zur Verfügung. Leisten konnte sich die breite Bevölkerung die Husten-, Brust- und Kräuterbonbons aber erst mit der Industrialisierung. Die industrielle Produktion von Bonbons wurde in Deutschland von Franz Stollwerck angetrieben: 1841 wurden die »Stollwerck'schen Brustbonbons« zum wahren Verkaufsschlager.

Die medizinische Verwendung von Bienenprodukten hat eine lange Tradition. Die Honigbiene wird gerne als fliegende Apotheke bezeichnet. Propolis, Blütenpollen und Gelée Royale gelten gesetzlich als Nahrungsergänzungsmittel und werden in der Apitherapie eingesetzt – als esoterisch kann das nicht abgetan werden. Mediziner erzielen damit heute beachtliche Erfolge, etwa bei Patienten mit Erschöpfung, Appetitmangel und Gewichtsverlust. »Medihoney« ist als Wundheilmittel anerkannt.

»Neun von zehn Leuten mögen Schokolade.
Der Zehnte lügt.«

(John Tullius, amerikanischer Künstler und Karikaturist)

Das schmelzende Mundgefühl der Schokolade verführt erst seit Ende des 19. Jahrhunderts. Als man davor versuchte, Schokolade in feste Form zu bringen, wurde sie hart und spröde und konnte sensorisch nicht überzeugen.

Erst 1879 gelang es dem Schweizer Chocolatier Rodolphe Lindt, eine Tafelschokolade mit zartem Schmelz zu produzieren. Eine nette Anekdote dazu: Lindt soll vergessen haben, bei der Schokoladeproduktion seine Maschinen abzuschalten, wodurch die Masse drei Tage lang cremig gerührt wurde. Damit hatte sich das Conchieren entwickelt, das Geschmack und Konsistenz maßgeblich verbessert.

VERKOSTUNGSTIPPS FÜR HONIG, ZUCKER & SCHOKOLADE

- **Je nach Sorte können Honige blumig-parfümierte, fruchtige, Zitrus- oder würzige Noten aufweisen, nach Karamell oder Malz duften und nicht nur süß, sondern auch leicht säuerlich oder dezent bitter schmecken. Bei professionellen Verkostungen werden die Honige einige Tage vorher in kleine Verkostungsbecher gefüllt und mit einem Deckel verschlossen. So kann sich das Aroma im Luftraum über dem Honig sammeln. Unmittelbar nach dem Öffnen kann der Geruch am intensivsten wahrgenommen werden.**

- **Zum Vergleich von Zuckerarten eignen sich wässrige Lösungen: z. B. 10 g Zucker in einem Liter Wasser auflösen. So können Sie die Süßkraft verschiedener Zucker – Haushaltszucker (Saccharose), Fruchtzucker (Fruktose), Traubenzucker (Glukose), Milchzucker (Laktose) – erschmecken.**

- **Ein Vergleich von sortenreinen Schokoladen eines Herstellers lohnt sich – zum Beispiel 85%ige Schokoladen mit Kakao aus verschiedenen Ländern. Wie fühlt sich Schokolade in der Hand an? Wonach duftet sie? Dunkle Schokoladen können auch ohne Zusatz von Früchten eine fruchtige Note haben. Im Mund geht es um eine Mischung aus Geschmack, Aromen und Mundgefühl.**

Niederösterreich

Führungen ✓

49 AGRANA

Josef-Reither-Straße 21–23 • 3430 Tulln
T: +43 (0) 22 72/602-11 2 37
M: kathrin.gesperger@agrana.com, info.zucker@agrana.com
W: www.agrana.com

Sie möchten einmal hautnah erleben, wie Zucker hergestellt wird? Dann sollten Sie zwischen Oktober und Dezember der Agrana einen Besuch abstatten. Denn nur während der Zuckerernte und -verarbeitung kann der Prozess besichtigt werden. Das aber in jedem Detail!

800.000 Tonnen Zucker werden jährlich bei der Agrana produziert und zu 33 Zuckersorten wie Staubzucker, Würfelzucker etc. verarbeitet.

Nach einer Einführung über die Agrana, den Rübenanbau, die botanische Verwandtschaft der Zuckerrübe und die Geschichte des Zuckers geht es erst einmal ins Freie. Ausgestattet mit Helm und Kopfhörer sieht man die Rübenanlieferung, das Wiegen der Lieferung und die Entladung der Lkw, bevor die Rüben ins Waschhaus gelangen.

Drinnen ziehen Rübenschnitzel am Förderband vorbei, die auch gekostet werden können. Es folgen die einzelnen Schritte der Zuckerproduktion. Im Zuge der Führung werden diese sehr detailliert erklärt. Die Auskristallisation des Zuckers selbst erfolgt zwar in geschlossenen Behältern, die Kristallbildung kann jedoch durch Gucklöcher mikroskopisch beobachtet werden.

In Schraubgläsern und Messbechern kann der Zucker an allen Stationen verfolgt werden, die er durchläuft: darunter Trockenschnitzel, Pellets aus den Pressrückständen, den Rohsaft nach der Extraktion, den Dicksaft, die Melasse. Spannend ist auch der Blick auf die Verpackungsanlage durch ein Schaufenster.

FAZIT

Warm anziehen, ein Teil der Führung findet im Freien statt! Die Führung dauert mindestens 2,5 Stunden – die Zeit vergeht dabei aber wie im Nu. Spannend, vielfältig und in Österreich nur mehr hier zu sehen.

Niederösterreich

50 ÖSTERREICHISCHES ZUCKERMUSEUM

Minoritenplatz 1 • 3430 Tulln
T: +43 (0) 22 72/602-11 2 37
M: buergerservice@tulln.gv.at,
kathrin.gesperger@agrana.com
W: noemuseen.at
>> Museen und Sammlungen

Nicht weit entfernt von der Agrana-Zuckerfabrik und in deren Eigentum befindet sich das kleine Zuckermuseum, wo die Geschichte des Zuckers in den vergangenen 200 Jahren verfolgt werden kann. Dabei erfährt man unter anderem, welche österreichischen Erfinder in der Zuckergewinnung bedeutend waren.

Zu sehen sind alte Arbeitsgeräte, die für den Zuckerrübenanbau und die Zuckerverarbeitung notwendig waren, wie Sämaschinen, Rübenstecher, Erntemaschinen, Rübenschneide- und Rübenwaschmaschinen. Aber auch die Herstellung von Kandiszucker wird erklärt und alte, haushaltsübliche Zuckerzangen oder »Zuckerlöffel« sind ausgestellt.

Die einzelnen Stationen der Zuckergewinnung in der Fabrik werden visualisiert. Dabei werden die Methoden von früher und heute verglichen. Zudem wird ein Blick auf andere Süßungsmittel und deren Entdeckung geworfen. Bei welchem Süßungsmittel waren Rothörnchen im Spiel? Die Antwort liegt im Museum!

Der Konzern Agrana gibt auch Informationen über seine Entstehung und den Markenauftritt, die weltweiten Firmensitze sowie die drei Sparten Zucker, Stärke und Frucht.

FAZIT

Das Museum umfasst nur einen Raum, in dem jedoch zahlreiche Exponate, Grafiken und Bilder zu sehen sind. Vor allem ist viel zu lesen. Wer sich gerne ungestört informiert, ist hier goldrichtig. Apropos Gold: Der Wert des Zucker früher und heute wird ebenso aufgegriffen.

Steiermark

51 ALMENLAND IMKEREI KREINER

- Führungen ✓
- Verkostung/Kostprobe ✓
- Shop ✓

Lindenbergweg 39 • 8162 Passail
T: +43 (0) 31 79/23 7 88 oder
+43 (0) 676 504 92 80
M: office@imker.at
W: www.imker.at

Welche Erfolgsstrategie verfolgen Bienen? Was hat ein Bienenvolk mit einer Firma gemeinsam? Wie entsteht Propolis? Warum haben Bienen im Frühjahr im Vergleich zu allen anderen Blüten bestäubenden Insekten einen gigantischen Vorteil? Und was haben Bienen mit Vögeln zu tun?

Karl Kreiner ist ein Meister seines Metiers: Der Imker hat mit einem geschenkten Bienenstock eines Freundes gestartet. Dann hat ihn das Bienenfieber gepackt – und bis heute nicht mehr losgelassen. Seine Frau glücklicherweise auch, wie er sagt. Enthusiastisch bringt er den Besuchern die Bedeutung der Bienen für das Ökosystem näher. Mehr als 80 Prozent aller Kulturpflanzen werden durch die Bienen bestäubt.

Anschaulich, umfassend, unterhaltsum und mitunter philosophisch informiert Karl Kreiner über die Geschichte der Bienen, deren Leben, Entwicklung und Zucht sowie über unterschiedliche Bienenstöcke wie den Urbienenstock in der Baumhöhle oder regionale, aus Stroh geflochtene oder holzgetäfelte Stöcke. Er erklärt Grundsätzliches zu den Blütenpollen und Inhaltsstoffen des Honigs. Was es mit der Wintertraube auf sich hat und wie die Bienen ihre Waben bauen, erfährt man ebenfalls.

Die Verkostung der Produkte kommt nicht zu kurz. Dabei sind durchaus Überraschungseffekte garantiert: So wird beispielsweise Honig mit Brennnesseln, Aronia, Nougat oder Ingwer offeriert.

FAZIT

Mit Leidenschaft, Liebe zur Natur und Qualität sowie dem eigenen Auftrag, sein Wissen weiterzugeben, gestaltet Karl Kreiner einen ganzheitlichen Exkurs in die Welt der Bienen. Kurzweilig, informativ, schmackhaft!

Steiermark

52 SCHOKOLADEN MANUFAKTUR FELBER

Führungen ✓
Verkostung/Kostprobe ✓
Shop ✓

Gasener Straße 4 • 8190 Birkfeld
T: +43 (0) 31 74/45 46,
+43 (0) 664 548 96 74
M: office@felber-schokoladen.at
W: www.felber-schokoladen.at

Klein, aber oho! Die Schokoladen Manufaktur verbindet Kunst und Genuss – das sieht man auf den ersten Blick. Das Entree gleicht einem Austellungsraum: Hier hängen Bilder des Birkfelder Künstlers Karl Friesenbichler, die sich im Kleinformat auch auf den Schokoladehüllen finden. Ebenso geht es im Produktionsraum weiter: Werke von Eva Summer sind zu sehen, die für die Gestaltung der Special Editions verantwortlich zeichnet.

Zu Beginn der rund einstündigen Führung werden in einer Diashow Geschichte und Herstellung von Kakao und Schokolade erklärt.

Noch bevor es in die gläserne Produktion geht, dürfen die Köstlichkeiten des Hauses verkostet werden. Die Rohstoffe für die Füllungen der vielfältigen kreativen Kreationen kommen vorzugsweise aus der Umgebung wie Honig, Erdbeeren, Marillen oder Wiesenkräuter. Bei den einzelnen Stationen in der Produktion wird der Besucher dann von einer Duftoffenbarung überwältigt und darf sich anschließend mit allen Sinnen am Schokobrunnen erfreuen.

Führungen werden ab zwanzig Personen nach telefonischer Vereinbarung angeboten. Kleinere Gruppen und Einzelpersonen können sich bereits gebuchten oder den regelmäßigen Führungen in den Sommermonaten anschließen.

FAZIT

Schokoladeproduktion als Kunsthandwerk im wahrsten Sinne des Wortes. Wer zufällig vorbeikommt und nur einen schnellen gustatorischen Eindruck mitnehmen möchte, kann sich beim Schokoladeautomaten bedienen.

Wien

53 SCHOKOMUSEUM HEINDL

- Interaktiv ✓
- Führungen ✓
- Verkostung/Kostprobe ✓
- Shop ✓

Willendorfer Gasse 2–8 • 1230 Wien
T: +43 (0) 1/667 21 10-19
M: office@schokomuseum.at
W: www.schokomuseum.at

Schokoliebhaber jeden Alters kommen hier auf ihre Rechnung. Nicht nur für heutige Schokofreaks ist Schokolade braunes Gold, auch bei den Azteken waren Kakaobohnen so wertvoll, dass sie als Zahlungsmittel galten.

Wer eine Führung besucht, sieht zunächst einen kurzen Film über Schokolade generell und über die Confiserie Heindl im Speziellen. Im Laufe der Führung wird der Weg von der Kakaofrucht bis zur fertigen Schokolade veranschaulicht. Zudem werden Einblicke in die laufende Produktion gewährt.

In diesem Museum läuft einem das Wasser im Mund zusammen. Schokoladenbrunnen sowie verschiedene fertige Kreationen stehen zur Verkostung bereit. Außerdem können die unterschiedlichen Schokoladezutaten in einer Box ertastet und in der Duftorgel erschnuppert werden. Das entspricht letztlich dem Motto des Konfuzius: »Lass es mich tun und ich werde es verstehen.«

FAZIT

Die süße Welt der Schokolade wird Besuchern theoretisch und praktisch vermittelt. Auch wer auf eine Führung verzichtet und allein durch das Museum geht, kann viel an Informationen mitnehmen, da alle Schritte sehr gut beschrieben sind. In einem Workshop können besonders Kreative ein eigenes Schokolade-Kunstwerk schaffen.

Steiermark

54 ZOTTER SCHOKO-LADEN-THEATER

- Interaktiv ✓
- Führungen ✓
- Verkostung/Kostprobe ✓
- Shop ✓

Bergl 56 • 8333 Riegersburg
T: +43 (0) 31 52/55 54
M: schokolade@zotter.at
W: www.zotter.at

Über Zotter Schokolade gibt es eigentlich nicht mehr viel zu schreiben. Sie ist mittlerweile weit über Österreichs Grenzen hinaus als Schokospezialität bekannt und beliebt. Allein die Sortenvielfalt von über 300 Schokoladen ist ein Genussabenteuer, von Grammelnussen bis Gojibeeren, von Bergkäse bis Blütenmarzipan und von Zimt bis Zitronenpolenta werden die unterschiedlichsten Zutaten in herrliche Schokolade verpackt.

Die Tour durch das Schoko-Laden-Theater ist ein Erlebnis für alle Sinne. Man schaut, riecht, kostet, greift zu und lauscht dem sanften Geräusch der Conchier-Maschinen. Dazwischen erzählt der Audioguide alles über Schokolade und den Produktionsablauf.

Wer wissen will, wie geröstete Kakaobohnen schmecken, kann unter neun unterschiedlichen Herkunftsgebieten wie Nicaragua, Panama oder Dominikanische Republik wählen. Beim Gang durch die gläserne Fabrik erleichtern Beschriftungen die perfekte Orientierung. Von der Röstung über das Feinwalzen bis hin zum Conchieren können alle Schritte verfolgt werden. Dazwischen laden Kakaobrunnen ein, den eingangs erhaltenen Kusslöffel in die flüssige Köstlichkeit zu tauchen. Weil es so unglaublich viel zu verkosten gibt, sollte man anfangs nicht zu reichlich zulangen, sondern sich an jeder Station wirklich nur auf kleine (!) Kostproben beschränken. Lustig ist das Riechen im Kuriositätenkabinett. Die Besucher können ihre Nase bei einem Duftratespiel testen – oder wissen Sie, wie Tonkabohnen riechen? Wer Trinkschokolade liebt, kann sich von der kleinsten Gondelbahn der Welt die unterschiedlichsten Sorten servieren lassen oder stellt sich einfach an die Bar und schwelgt darin. Den Abschluss im Gebäude macht »Running Chocolate« – handgeschöpfte Schokoladen fahren auf einem kleinen Fließband in Griffweite vorbei und warten darauf, dass man zugreift, während man durch eine Glaswand den fleißigen Händen bei deren Produktion zusieht.

Empfehlenswert ist auch der Außenbereich. Vorbei am Ideenfriedhof, wo Sepp Zotter Grabsteine für verworfene oder ausgelistete Schokosorten gesetzt hat, geht es in den Essbaren Tiergarten. Da erfreuen sich Zottelrinder, Wollschweine, Sulmtaler Hühner, Kärntner Brillenschafe, Steirische Schneckenziegen an der Bioweide. Dort watscheln Pommerngänse oder Warzenenten durch die Gegend und mit Glück kommt eines der liebreizenden Minipigs nahe genug an den Zaun, um gestreichelt zu werden.

FAZIT

Das Zotter Schoko-Laden-Theater ist alles andere als Theater – es ist ein Ausflug in die Welt der Schokolade und des Kakaos für alle Sinne und für die ganze Familie!

K. U. K.: KAFFEE UND KULTUR

Einer Legende zufolge verdanken wir den Kaffee einer Horde äthiopischer Ziegen. Diese fraßen Kaffeekirschen von einem Strauch und sprangen daraufhin munter umher. Das machte Mönche auf die Kaffeekirschen aufmerksam und sie probierten ebenso davon, waren aber enttäuscht und warfen die Kirschen ins Feuer. Daraufhin verbreitete sich ein angenehmer Duft, der Röstkaffee war geboren! Die Mönche bereiteten aus den gerösteten Kaffeebohnen ein Getränk, das ihnen beim Wachbleiben half.

Ob die Ziegengeschichte stimmt, sei freilich dahingestellt. Dass Kaffee ursprünglich aus Äthiopien kommt, gilt aber als gewiss. Auch im Jemen wurde er frühzeitig angebaut. Durch holländische und portugiesische Kolonialmächte verbreitete sich der Kaffee nach Asien und Südamerika. Äthiopien ist heute das fünftwichtigste Anbaugebiet hinter Brasilien, Vietnam, Kolumbien und Indonesien.

Und was ist mit Europa? In ganz kleinem Stil wird Kaffee heute auch auf Gran Canaria angebaut. Das Klima auf der Insel ist gut dafür geeignet. Beim Trinken von Kaffee liegen wir Europäer dagegen weit vorne. Mit einem jährlichen Pro-Kopf-Verbrauch von 162 Litern nimmt Österreich sogar einen »Stockerlplatz« in Europa ein: Nur die Finnen trinken mehr als wir!

Kaffee(haus)kultur

Die Geschichte des Kaffeehauses ist fast so alt wie die Geschichte des Kaffees selbst. Das erste europäische Kaffeehaus entstand schon 1554 in Konstantinopel, dem heutigen Istanbul. 1647 öffnete das erste Kaffeehaus in Venedig. Dann ging es Schlag auf Schlag und Kaffeehäuser wurden in England, Frankreich, Deutschland und 1685 schließlich auch in Wien eröffnet.

Die Geschichte des Wiener Kaffees ist untrennbar mit der Zweiten Wiener Türkenbelagerung 1683 verbunden. Als sich die geschlagenen Truppen ins Osmanische Reich zurückzogen, ließen sie Kaffee zurück. Ein Spion namens Kolschitzky wusste, wie man den Rohkaffee behandeln musste, und eröffnete schon bald ein Kaffeehaus. Dieses wird oft als erstes Wiener Kaffeehaus gehandelt, was jedoch nicht stimmt. Tatsächlich wurde das vom Handelsmann Johannes Theodat eröffnet. Anfang des 19. Jahrhunderts konnten Kaffeeliebhaber in Wien bereits unter 89 Kaffeehäusern wählen, hundert Jahre später waren es bereits 1200. Und heute? Während im 21. Jahrhundert Coffeeshops in vielen europäischen Städten verbreitet sind, hat die traditionelle Kaffeehauskultur in Wien nach wie vor Bestand. Hier vereint Kaffee Tradition und Moderne. Derzeit gibt es allein in Wien etwa 900 Kaffeehäuser, 800 Kaffeerestaurants sowie 900 Espressi, Stehcafés oder Kaffee-Konditoreien.

»Wien ist die Stadt der funktionierenden Legenden.
Böswillige behaupten, dass die Legenden überhaupt das Einzige seien, was in Wien funktioniert, aber das geht entschieden zu weit.
Die weitaus komplizierteste dieser Legenden ist das Wiener Kaffeehaus.«
(Friedrich Torberg)

In Österreich wird aber nicht nur Kaffee serviert, sondern auch geröstet. Die »Wiener Röstung« ist als Röstgrad international bekannt.

Wie kam es zum Durchbruch des Kaffees?

Während Kaffeehäuser heute unterschiedliches Publikum haben, waren sie früher Treffpunkte des Bürgertums. Der breite Durchbruch gelang dem Kaffee daher angeblich nicht durch das Kaffeehaus, sondern durch die Industrielle Revolution. Veränderte Arbeitsbedingungen in den Fabriken erforderten Konzentration. Kaffee wurde ausgeschenkt, um die Zahl der Arbeitsunfälle zu verringern.

Dass Koffein tatsächlich die Aufmerksamkeit, die Reaktionszeit und die Wachheit verbessert, ist heute gründlich studiert. Selbst bei völlig wachen Menschen kann die Aufmerksamkeit durch Koffein weiter gesteigert werden.

»Man geht nicht nach dem Klettern zum Kaffeetrinken,
Kaffeetrinken ist integraler Bestandteil des Kletterns.«
(Wolfgang Güllich, deutscher Sportkletterer)

Auch die sportliche Leistungsfähigkeit kann durch Koffein unterstützt werden. Es verbessert die Ausdauer, was v. a. bei Sportarten mit längerer Belastungsdauer hilfreich ist wie Schwimmen, Radfahren oder Langlaufen. Bis 2004 stand Koffein sogar auf der Dopingliste.

»Kaffee ist nur schädlich, wenn Ihnen ein ganzer Sack aus dem fünften Stock auf den Kopf fällt.«
(Addi Darboven)

Dass Kaffeetrinken entwässert, ist eine Mär, die nach wie vor kursiert. Im Gegenteil gilt Kaffee sogar als Getränk, das zur Flüssigkeitsaufnahme beiträgt. Das wusste auch Franz Kafka, der meinte: »Kaffee dehydriert den Körper nicht. Ich wäre sonst schon Staub.«

Kaffeegenuss mit Wiener Kaffeespezialitäten

Die Melange ist einer Umfrage zufolge 2013 die beliebteste Kaffeespezialität in Wien, gefolgt vom Cappuccino. Platz drei nimmt Caffè Latte ein. Egal, welche Kaffeezubereitung Sie selbst favorisieren: Gut ist Kaffee nur, wenn er frisch zubereitet getrunken wird.

Die Kaffeehausklassiker:

- Caffè Latte: siehe Latte Macchiato
- Cappuccino: Espresso mit cremig geschäumter Milch und Milchschaum, optional mit Kakaopulver bestreut
- Espresso: 7–8 g Kaffee, 25–35 ml Wasser, 20–30 Sekunden Extraktionszeit
- Einspänner: doppelter Espresso, heißes Wasser, Schlagobershaube mit Staubzucker
- Franziskaner: Espresso, heiße Milch und Schlagobershaube
- Großer Brauner: doppelter Espresso mit separater Portion Kaffeeobers
- Kapuziner: Espresso mit ein paar Tropfen Kaffeeobers
- Kaisermelange: Eidotter wird mit Honig und Weinbrand verrührt und mit Espresso aufgegossen
- Kleiner Brauner: Espresso mit separater Portion Kaffeeobers
- Latte Macchiato: Kaffee verkehrt. Viel geschäumte Milch, der Espresso wird daraufgegossen. Es bilden sich dadurch Schichten.
- Maria Theresia: Espresso mit erwärmtem Orangenlikör, Weinbrand, etwas heißem Wasser und einer Schlagobershaube
- Melange: Espresso mit Milchschaum
- Verlängerter: Espresso mit heißem Wasser extra dazu, um den Kaffee zu verdünnen

An welchen Kaffee wohl Christian Friedrich Henrici, der wichtigste Textdichter von Johann Sebastian Bach, im Libretto zur »Kaffeekantate« dachte, als er schrieb:

»Ei wie schmeckt der Coffee süße,
lieblicher als tausend Küsse,
milder als Muscatenwein.«

VERKOSTUNGSTIPPS FÜR KAFFEE

- **Auch wenn Sie üblicherweise Milchkaffee trinken: Am besten sind Unterschiede zwischen Bohnensorten wahrzunehmen, wenn Kaffee schwarz getrunken wird.**

- **Professionelle Kaffeeverkoster schlürfen Kaffee von einem Löffel. Diese nicht gerade geräuscharme Technik bewirkt, dass ein höherer Luftstrom und damit auch mehr Aromen eingesogen werden. Die »retronasale« Geruchswahrnehmung steigt.**

- **Die Temperatur des Getränks beeinflusst den Geschmack deutlich. Wer Vergleichsverkostungen macht, sollte daher auf gleiche Temperatur achten.**

- **Die ICO (International Coffee Organisation) hat folgende Terminologie zur Beschreibung von Kaffee entwickelt:**

  Aroma, darunter: aschig, rauchig, schokoladenartig, Karamell, erdig, blumig, fruchtig, Zitrus, grasig, nussig, gummiartig, würzig, Tabak, weinig, holzig
  Geschmack: säuerlich, bitter, süß, salzig, sauer
  Mundgefühl: Körper, adstringierend

Niederösterreich

Führungen ✓
Verkostung/Kostprobe ✓
Shop ✓
Gastronomie ✓

55 CULT CAFFÈ – DIE RÖSTEREI

Wiener Straße 9 • 3371 Neumarkt
T: +43 (0) 74 12/53 9 01
M: info@cultcaffe.at
W: www.cultcaffe.at

Die Kaffeekultur der Italiener verbunden mit österreichischer Sorgfalt bei Röstung und Service – das ist Cult Caffè. Silvia Lasselsberger und Walter Schweifer leben für Kaffee. Das spürt – und riecht! – man sofort beim Betreten der kleinen Rösterei im niederösterreichischen Neumarkt am Tor zur Wachau. Begonnen hat alles 2003. Da starteten die beiden mit der kunstvollen Veredelung der Kaffeebohnen.

Das Know-how und Wissen rund ums Rösten hat sich Walter Schweifer bei echten Experten und Kennern des schwarzen Goldes angeeignet. Einmal in der kleinen bekannten Hamburger Rösterei des 65-jährigen Jens Burg, der die Tradition von seinem Vater übernommen hat. Das andere Mal in der italienischen Rösterei großen Stils Portioli, deren Erfolg unter anderem auf das perfekte Kundenservice und Marketing zurückzuführen ist. Denn das Ziel der zwei Niederösterreicher war es, am Kaffeemarkt zum »Italiener unter den Österreichern« zu werden.

Der Besuch von Cult Caffè beginnt im kleinen, gemütlichen Kaffeehausteil mit einem Film, bevor es dann in der Rösterei zur Sache geht. Röstmeister Schweifer ist dort ganz in seinem Element. Anschaulich und leidenschaftlich erklärt er, worauf es beim Rösten ankommt, worauf das knackende Geräusch der Kaffeebohnen in einem bestimmten Röststadium zurückzuführen ist oder warum wirklich »röstfrischer« Kaffee eigentlich gar nicht so optimal ist. Zwischendurch prüft er an der Röstmaschine immer wieder, wie weit die Röstung der Bohnen schon gediehen ist, denn beim richtigen Zeitpunkt für das »Entlassen« der Bohnen aus der Drehtrommel sind Erfahrung und Fingerspitzengefühl gefragt. Wenn die Bohnen dann in einem Schwall aus der Rösttrommel fallen, verbreitet sich eine Wolke aus herrlichstem Röstduft.

Natürlich wird den Besuchern der hauseigene Kaffee auch in Tassen angeboten, und sie erfahren, warum auch die Zubereitung in der Kaffeemaschine entscheidet, ob der Kaffee schmeckt.

FAZIT

Wer beim Kaffeerösten hautnah dabei sein möchte, wissen will, wie eine kleine Rösterei zu bestem Rohkaffee kommt, und für zwei Stunden italienisches Lebensgefühl in Niederösterreich spüren möchte, der ist hier genau richtig.

Burgenland

56 KAFFEELAND HAINISCH

- Führungen ✓
- Verkostung/Kostprobe ✓
- Shop ✓
- Gastronomie ✓

Gottlieb August-Wimmer-Platz 10
7432 Oberschützen
T: +43 (0) 650 483 45 53
M: hainisch@kaffeeland.at
W: www.kaffeeland.at

Wer sich für das Produkt Kaffee begeistert, *muss* nach Oberschützen! Und wer den »George Clooney des frisch gerösteten, offenen Kaffees« treffen möchte, auch. Der Quereinsteiger Hainisch, vormals in der EDV-Branche tätig, betreibt mit seiner Frau und Kaffeesommelière eine Kaffeerösterei im Gasthaus. Im Kaffeeland kann man sich bei jedem Wind und Wetter unabhängig von der Personenanzahl über Kaffee informieren: Drinnen gibt es Rohkaffee zum Ansehen und Beschnüffeln. Frau Hainisch erklärt sachkundig und enthusiastisch die Unterschiede zwischen Bohnensorten und Herkunftsregionen. In einer Minirösttrommel wird Kaffee am Tisch geröstet, abgekühlt und nicht gespritzt. Was Letzteres bedeutet, erfahren Sie vor Ort!

Unterschiedliche Zubereitungsmethoden – von der Karlsbader Kaffeemaschine bis zum Glaskolben – werden anschaulich erklärt. Und natürlich wird Kaffee verkostet. Und zwar nicht irgendeiner, in dem Familienbetrieb wird – durchaus beachtlich – Wert auf hochwertige Bohnen, auch auf Wildwuchs, und auf die Unterstützung von Kaffeebauern in Äthiopien gelegt.

Zudem kann der Röster besichtigt werden, mit dem die Familie Hainisch Kaffee im »großen« Stil röstet. Neben den Hard Facts über das Produkt Kaffee werden den Besuchern bei der Führung zahlreiche Legenden zur Geschichte des Kaffees und Erklärungen zur Herkunft von »Weisheiten«, wie etwa, dass kalter Kaffee schön macht, geboten. Draußen gibt es im Freilichtmuseum alte, im Herd integrierte Röstpfannen sowie industrielle Röster aus der Vergangenheit zu sehen.

Hauptanliegen der Hainischs ist es, den Stellenwert des Kaffees und die Qualität ins rechte Licht zu rücken. Damit werden sie dem Zitat des italienischen Dichters Giacomo Leopardi durchaus gerecht: »Die Welt gehört dem, der sie genießt.«

FAZIT

Ein Besuch des Kaffeelands öffnet all jenen die Augen, die Kaffee bisher nur in der Tasse genossen haben. Vergnüglich, kurzweilig, äußerst informativ sowie olfaktorisch und gustatorisch außergewöhnlich! Eignet sich auch für Betriebsausflüge.

Wien

57 KAFFEEMUSEUM

- Führungen ✓
- Verkostung/Kostprobe ✓
- Gastronomie ✓

Vogelsanggasse 36 • 1050 Wien
T: +43 (0) 676 406 87 28
M: e.mayr@kaffeekompetenzzentrum.at
W: www.kaffeemuseum.at

Edmund Mayr hat sein bisheriges Leben dem Kaffee gewidmet: Seit Jahrzehnten sammelt er Kaffeemaschinen und andere Objekte rund um dieses Thema. Sein Wissen gibt er im Kaffee Kompetenz Zentrum weiter, seit 2003 auch in dem von ihm gegründeten Wiener Kaffeemuseum. Die meisten Exponate sind sein Privateigentum.

Das Museum bietet ein Stück Wiener (Kaffee)Geschichte: von der Zweiten Wiener Türkenbelagerung 1683, der Eröffnung des ersten Wiener Kaffeehauses und davon, dass 1820 die einzigen Frauen, die ins Kaffeehaus durften, die Sitzkassierinnen waren. Das Kaffeekränzchen war also ursprünglich männlich! Coffee-to-go gab es in Wien bereits 1905 – nämlich vom »fliegenden Kaffeehaus«, einem mobilen Wagen, auf dem Kaffee zubereitet und von dem aus er verkauft wurde. Wie sich Kaffeemaschinen im Laufe der Zeit entwickelt haben und wie sich das Konsumverhalten von Privatpersonen verändert hat, ist hier ebenfalls zu sehen.

Die meisten Exponate sind Geräte zum Rösten, Mahlen und Zubereiten von Kaffee. Dazu gehören alte Rösttöpfe, mit denen Kaffee früher zu Hause am Herd geröstet wurde, außerdem alte Kaffeemühlen, Espressomaschinen seit den 1930ern, alte Pressstempelkannen, Glaskolbenbrühgeräte, gasbetriebene und elektrische Filterkaffeemaschinen u. v. m. Bei einer zweistündigen Führung werden Ernte, Aufbereitung, Röstung, Mischung und Zubereitung thematisiert. Eine Verkostung unterschiedlicher Kaffeesorten ist im Museumsbesuch leider nicht inkludiert. Es gibt aber auch ein- und dreitägige Barista-Seminare sowie Kaffeeseminare, bei denen Kaffeespezialitäten verkostet werden.

FAZIT

Es handelt sich um eine eindrucksvolle Sammlung rund um den Kaffee. Für Liebhaber des Produkts und der Institution Wiener Kaffeehaus ist ein Besuch absolut empfehlenswert!

58 SCHÄRF WORLD

- Führungen ✓
- Verkostung/Kostprobe ✓
- Shop ✓
- Gastronomie ✓

Dr.-Alexander-Schärf-Platz 1
7100 Neusiedl
T: +43 (0) 5 90 10-430
M: kaffeemaschinen@schaerf.at
W: www.schaerf.at

Eine Minikaffeeplantage zeigt, wie der Kaffee in den Anbauländern wächst: Arabicapflanzen wechseln mit kleinen Bananenstauden ab. Mit etwas Glück blüht gerade eine Kaffeepflanze oder reift gar eine Kaffeekirsche. Hier hat jemand ein grünes Händchen!

In der »Pharmacia Arabica« sind sodann Kaffeesorten aus aller Welt ausgestellt. Die Bohnen unterscheiden sich in ihrer Farbe und Größe. Gelagert wird der Rohkaffee in großen Jutesäcken oder Holzfässern.

Nach Ernte und Transport folgt die Röstung. Die Röstmaschinen bei Schärf können bis zu 25 kg Kaffeebohnen in einer Charge verarbeiten. Im Zuge einer Verkostung können nun unterschiedliche Arabicasorten im Vergleich zu Robusta getestet werden. Der Kaffee wird dabei so verkostet, wie es auch in den Anbauländern üblich ist: Er wird mit heißem Wasser aufgebrüht, vom Löffel geschlürft und wieder ausgespuckt. Nach der Verkostung geht es in den ersten Stock, wo man Wissenswertes über die verschiedenen Kaffeemaschinen in der Gastronomie – früher und heute – erfährt. Ein rund zehnminütiger Film über den Kaffeeanbau in Indien bildet den Abschluss der eineinhalbstündigen Führung.

FAZIT

Ein lohnender Besuch, der allerdings geplant sein will: Sammelführungen finden nur im Abstand von mehreren Wochen statt, eine telefonische Anmeldung ist notwendig.

Steiermark

59 GENUSSREGAL VINOFAKTUR SÜDSTEIERMARK

- Interaktiv ✓
- Führungen: auf Anfrage
- Verkostung/Kostprobe ✓
- Shop ✓
- Gastronomie ✓

An der Mur 13, 8461 Vogau
T: +43 (0) 34 53/40 6 77-0
M: office@genussregal.at
W: www.genussregal.at

Ausgestattet mit einem Löffel und einer Serviette, die mit der Eintrittskarte mitgeliefert werden, beginnt das Abenteuer. Der Verkostungsmarathon umfasst sagenhafte 40 Stationen! Gleich zu Beginn wartet eine Verkostung mit Kernölen von unterschiedlichen Produzenten. Ölspender ermöglichen ein hygienisches Entnehmen. Eines der Öle ist nussig, ein anderes schmeckt unserer Ansicht nach schmalzig.

Schautafeln und Schauboxen veranschaulichen in sehr ansprechender Form Informationen über die präsentierten Produktgruppen. Filme, in denen die jeweiligen Produzenten sprechen, geben den Produkten ein persönliches Gesicht. Und man erfährt einiges über die verschiedenen Herstellungsprozesse. Ein Video über Essig wird – passend zum Produkt – auf einem Bildschirm im Fass gezeigt.

Mit Zahlen und Daten wird nicht geknausert: Wie viele Kürbisse werden benötigt, um einen Liter Kernöl zu erzeugen? Wie viele Betriebe produzieren wie viele Millionen Liter Kernöl?

Dann gibt es Informationen über Schweine- und Hühnerrassen, wobei die Qualität der Ernährungsinformationen teilweise zu wünschen übrig lässt. Umso interessanter dafür ist, wie das Futter die Fleischbeschaffenheit beeinflusst.

Einkochen und Einlegen werden thematisiert, aber auch frisches Obst und Gemüse. Wie viel vom Preis der Banane bekommt der Plantagenbesitzer, wie hoch ist der Lohn der Plantagenarbeiter und was fällt für Transport und Nachreifung an? Wie viel verdient der Handel (Groß- und Einzelhandel), wie viel Prozent Steuern werden abgeführt und wie viel machen die Kosten für Düngemittel und Pflanzenschutz aus? Eine sehr interessante, plakative Ausführung! Interessante Statistiken werden auch über andere Lebensmittel, zum Beispiel Tomaten oder Eier, geboten.

Das Produkt Honig wird neben einer Verkostungsstation mit einem informativen Film und einer Schauwabe mitsamt Bienenvolk präsentiert. Beim Wein erfährt man etwas über Rebsorten, Böden und die jahreszeitliche Arbeit im Weingarten.

FAZIT

Definitiv spannend und informativ. 40 Verkostungsstationen und 35 Filme erfordern aber einen langen Atem.

Wien

Führungen ✓

60 MARKTAMTSMUSEUM

Floridsdorfer Markt 5 • 1210 Wien
T: +43 (0) 1/40 00-59 2 55
M: post@ma59.wien.gv.at
W: www.marktamt.wien.at/museum

Marktamt – das klingt reichlich trocken. Doch das ist es ganz und gar nicht! In vier Räumen eines Gebäudes gleich am Floridsdorfer Markt im 21. Wiener Gemeindebezirk sind wahre Schätze gesammelt. Rund 300 Exponate sind dort auf vergleichsweise kleinem Raum ausgestellt.

Das kleine Museum kann nur mit einer Führung besucht werden, und das ist auch sinnvoll, denn die – teilweise überraschenden – Hintergrundgeschichten, detaillierten Erklärungen und mit trockenem Humor gespickten Erläuterungen des ehemaligen Lebensmittelinspektors machen den Gang durch die Räume zu einem echten Erlebnis.

Da geht es zuerst um die Geschichte der Wiener Märkte. Wie und warum sind sie entstanden? Warum heißt der Kohlmarkt so (nein, das kommt nicht von Kohlgemüse)? Und wer durfte in welcher Reihenfolge früher auf Märkten einkaufen?

Dann wird es plastischer. Modelle von Fruchtschädlingen tummeln sich in einer der Vitrinen neben Kartoffeln, die von unterschiedlichen Krankheiten befallen sind. Darunter Kaffeefälschungen und Rohkoffein oder alte Geräte, mit denen früher Weinfälschungen nachgewiesen werden konnten.

Im nächsten Raum wird die Zeit zwischen 1914 bis 1955 kritisch aufgerollt. Einige Schritte weiter können dann Bedarfsgegenstände bestaunt werden, die aus dem Verkehr gezogen wurden, wie ein Zuckerkugelgeschoss in Revolverform, das als Kinderspielzeug verkauft wurde. Auch die heute üblichen Geräte für die Probenziehung sind ausgestellt. Überall hängen Bilddokumente an den Wänden, die die alten Zeiten der Marktaufsicht lebendig werden lassen. Der letzte Raum ist schwerpunktmäßig dem Naschmarkt und seiner Geschichte gewidmet.

FAZIT

Die Schautafeln, Vitrinen und Ausstellungsstücke drehen das Rad der Zeit zurück und die äußerst fachkundigen und humorigen Ausführungen zeichnen ein Bild der Arbeit der Marktamtsbeamten in früheren und heutigen Zeiten.

DAS GIBT'S AUCH NOCH

MOST UND WEIN

MOSTMUSEUM ST. LEONHARD AM FORST

Hauptplatz 1
3243 St. Leonhard am Forst (NÖ)
T: +43 (0) 27 56/22 04 (Marktgemeinde),
+43 (0) 664 281 57 48 (Karl Gastecker)
M: k.gastecker@st-leonhard-forst.gv.at
W: www.noemuseen.at >> Museen und Sammlungen

Das Mostmuseum ist eigentlich ein Heimatmuseum mit Mostbezug. In dem kleinen, im Keller des Gemeindeschlosses untergebrachten Museum hält sich die Zahl der Ausstellungsstücke in Grenzen. Das wird allerdings durch die äußerst lebendigen Geschichten des Führers allemal wettgemacht. So erfährt man etwa, was ein »Fassl-Bad« ist, was es mit dem »Körndl-Maß« auf sich hat oder dass eine »Gans« nicht zwangsläufig Federvieh sein muss. Eindrucksvoll sind die beiden großen hölzernen Mostpressen im Freien, die sogar noch betätigt werden können.

WEINMUSEUM MOSCHENDORF

7540 Moschendorf 95 (Bgld)
T: +43 (0) 33 24/63 17
W: www.weinbaumuseum.at/index.htm

Ein kleines Freilichtmuseum mit strohgedeckten Häuschen wirkt sehr idyllisch. Es handelt sich um originalgetreu wiedererrichtete Häuser aus der Umgebung, die aus dem 17. bis 19. Jahrhundert stammen. In den Häusern sind alte Möbel, landwirtschaftliches Gerät und Werkzeuge zu sehen – allerdings nur bei Buchung einer Gruppenführung. Einzelbesucher können im Freien einen alten Lesewagen besichtigen und Schilder mit (wenig) Weininfos lesen. Es gibt drei Vinotheken vor Ort, darunter eine Uhudler-Vinothek. Für Kinder gibt es einen Fassspielplatz.

WEINMUSEUM SCHLOSS ESTERHÁZY

Esterházyplatz 1
7000 Eisenstadt (Bgld)
T: +43 (0) 26 82/63 8 54-12
M: ausstellung@esterhazy.at
W: www.esterhazy.at/de/ausstellungen/670632/Weinmuseum

Im ehemaligen Weinkeller des Schlosses Esterházy ist die älteste Baumpresse Burgenlands aus Purbach aus dem Jahr 1630 zu sehen. Außerdem alte Weinfässer mit einem Fassungsvermögen von bis zu 16.000 Litern. Insgesamt sind über 700 Exponate ausgestellt, darunter ältere Weingläser, Weinflaschen sowie Gerätschaften, die früher zur Weinbereitung verwendet wurden.

WEINBAUMUSEUM GUMPOLDSKIRCHEN

Schrannenplatz 5
2352 Gumpoldskirchen (NÖ)
T: +43 (0) 22 52/63 5 36
M: office@gumpoldskirchen.at
W: www.gumpoldskirchen.at/system/web/gelbeseite.aspx?typ=3&bezirkonr=0&detailonr=221598546&menuonr=218289043

In drei Räumen – zwei davon sind Kellergewölbe – können diverse alte Geräte und Maschinen besichtigt werden, die früher im Weinbau eingesetzt wurden. Man erfährt dabei, was ein »Hundskopf« oder eine »Erdschwinge« ist. Auch eine Baumpresse aus dem 16. Jahrhundert ist zu sehen.

WEINBAUMUSEUM GAMLITZ

Schloss Gamlitz, Eckberger Weinstraße 32
8462 Gamlitz (Stmk)
T: +43 (0) 34 53/48 48 (Museumssekretariat),
+43 (0) 34 53/23 63 (Fam. Melcher)
M: weingut@melcher.at, W: www.melcher.at

Vordergründig widmet sich das Museum der Geschichte des Weines in der Steiermark zwischen 1945 und 2005. Es werden aber auch der Weinbau und die Weinproduktion der Römer mitsamt römischen Sprüchen und Tonamphoren gezeigt. Sehr plakativ wird die Entwicklung einer reifen Traube in 180 Tagen anhand von Makrofotos dargestellt.

DOMÄNE WACHAU

3601 Dürnstein 107 (NÖ)
T: +43 (0) 27 11/371
M: office@domaene-wachau.at
W: www.domaene-wachau.at

Vom alten Kellergewölbe aus startet die rund eineinhalbstündige Führung. Der Weg führt durch den historischen Keller, wo angeblich der Staatsvertrag ausverhandelt wurde, und von dort weiter zu den Räumen für die heutige Produktion. Diese verbinden das Eingangsgebäude mit dem Schlössl, wo Wandmalereien aus dem 17./18. Jahrhundert zu sehen sind. In den Weingärten erhält man Informationen über das Mikroklima in der Wachau, die Vegetation und die Bedeutung der Domäne Wachau – sie produziert 30 Prozent des Weins der Region. Verkostet wird zwischendurch und schließlich auch mit Blick über die Wachau. Wer Wein kaufen möchte, hat hier in einem riesigen Shop die Möglichkeit dazu.

SPIRITUOSEN

GÖLLES – MANUFAKTUR FÜR EDLEN BRAND UND FEINEN ESSIG

Adresse: Stang 52
8333 Riegersburg (Stmk)
T: +43 (0) 31 53/75 55
M: obst@goelles.at
W: www.goelles.at

Die Firma Gölles, die sowohl wunderbare Edelbrände als auch Essigspezialitäten erzeugt, wird im Kapitel Essig ausführlich vorgestellt!

ÖLE UND ÖLSAATEN

KERNÖL RESCH – SCHAUPRESSE

Schlossberg 8
8463 Leutschach (Stmk)
T: +43 (0) 34 54/258
M: office@kernoel-resch.at
W: www.kernoel-resch.at

In der Ölmühle Resch gibt es wöchentlich ein »Schaupressen«, bei dem die Herstellung des dunklen Öles miterlebt werden kann. Abseits des Schaupressens sind Führungen für Gruppen ab zehn Personen möglich. Auch ohne Führung kann man sich rasch einen Überblick über die Produktion verschaffen, die zur Gänze in einem Raum erfolgt. Durchnummerierte Schilder bei den jeweiligen Geräten erklären die einzelnen Arbeitsschritte. Eine kleine, aber nette Ausführung, wie Kernöl erzeugt wird. Besonders für jene geeignet, die in kurzer Zeit – en passant – einen Einblick in die Produktion bekommen möchten.

BROT UND GETREIDE

BÄCKEREIMUSEUM MÜHLDORF

Markt 14
3622 Mühldorf (NÖ)
T: +43 (0) 27 13/82 43
M: info@baeckereimuseum.at
W: www.baeckereimuseum.at

Schon 1625 wurde im Haus der Familie Stummvoll eine Bäckerei erwähnt. Die Tochter des letzten Bäckers in der Familie, Sissy Stummvoll, hat hier liebevoll und in Kleinarbeit eine bemerkenswerte Sammlung von Objekten aus dem Bäckerhandwerk zusammengetragen. Ein alter Lehmbackofen – der immer noch einsatzfähig ist! – kann ebenso besichtigt werden wie eine Semmelmaschine, zahlreiche Modeln, eine Bröselmaschine und vieles, vieles mehr. Sehr malerisch ist der kleine Innenhof, wo man seinen Kaffee genießen oder gleich in den nachgebauten Verkaufsraum aus 1890 durchgehen kann.

FLEISCH & FISCH

LABONCA

Am Hauptplatz 6
8291 Burgau (Stmk)
T: +43 (0) 664 432 16 39, +43 (0) 699 812 10 911
M: office@labonca.at bzw.
norbert.hackl@labonca-biohof.at
W: www.labonca.at

»Sonnenschweine« sind auf die Butterseite des Lebens gefallen! Das ist keine Rasse, aber mittlerweile eine Marke. Was es mit der speziellen Züchtung auf sich hat und dass das Besondere daran auch auf der Zunge zergeht, erfahren Sie direkt vor Ort. Eine Runde auf den 20 ha großen Weiden macht schnell klar, dass sich die knapp 300 Tiere hier sauwohl fühlen. Dafür gab's 2010 den Tierschutzpreis und seit 2013 gibt's auch ein Weideschlachthaus. Alles von April bis Oktober, jeden Freitag um 10.00 Uhr und Samstag um 13.00 Uhr zu sehen.

KÄSE

DIE KÄSEMACHERWELT

Litschauerstraße 18
3860 Heidenreichstein (NÖ)
T: +43 (0) 28 62/52 5 28-0
M: office@kaesemacherwelt.at
W: www.kaesemacher.at

Eine riesige Schaukäserei im Waldviertel, wo die Produktion von Weichkäse verfolgt werden kann. In einem Film über den Betrieb wird auch die manuelle Herstellung von mit Frischkäse gefülltem Gemüse gezeigt. Die Besichtigung ist nur mit Führung möglich, eine Verkostung ist inkludiert.

HOFMOLKEREI TAX – KÄSEAKADEMIE

Piberegg 3
8580 Köflach (Stmk)
T: +43 (0) 31 44/55 36
M: info@molkereitax.at
W: www.molkereitax.at/kaeseakademie.html

Ziege und Schaf bilden den Schwerpunkt im Käsesortiment. Die Käse werden händisch geschöpft, wobei eine Glasscheibe den Blick auf die Produktion freigibt. In einem neuen Gebäude der kleinen Hofmolkerei ist die »1. Steirische Käseakademie« mit Seminarraum und Küche untergebracht.

OBST UND GEMÜSE

STEKOVICS

Schäferhof 13
7132 Frauenkirchen (Bgld)
T: +43 (0) 21 72/22 6 90 bzw. +43 (0) 676 966 07 05
M: office@stekovics.at
W: www.stekovics.at

»Lernen und Genießen in der Natur« ist das Motto von Erich Stekovics, seines Zeichens der »Paradeiser-Kaiser« Österreichs. Im Burgenland beherbergt er eine riesige Sammlung alter Sorten nicht nur von Paradeisern, auch Chiliraritäten sind zu bestaunen. Seine Pionierarbeit im Hinblick auf die heimische Sortenvielfalt ist Stekovics hoch anzurechnen. Alte Geschmackswelten haben sich dadurch wieder eröffnet. Kennen Sie Dattelweinparadeiser, Feuerwerk oder Gelbe Johannisbeere? Wer einen Platz für eine Führung ergattert, darf sich freuen und wird begeistert sein. Es gibt viel zu hören und zu sehen und auch das Kosten kommt nicht zu kurz. Führungen finden zwischen Juli und September täglich außer Montag und Mittwoch statt. Eine Anmeldung ist notwendig – je früher, desto besser. Die Termine sind schnell ausgebucht. Der Andrang scheint auch über den Preis geregelt zu werden (Führung pro Person 2014: € 45,–).

KRÄUTER UND GEWÜRZE

WALDLAND

Oberwaltenreith 10
3533 Friedersbach (NÖ)
T: + 43 (0) 28 26/74 43-400
M: hof@waldland.at
W: www.waldland.at

Ein interessanter Ausflug für Reisegruppen! Von der eineinhalbstündigen Führung durch die Produktionshallen der Firma, die neben Kräutern auch Körnerfrüchte, Pflanzenöle, Dämmstoffe aus Flachs u. v. m. produziert, ist ein Teil den Waldviertler Kräutern gewidmet. Wie werden Kräuter getrocknet? Sehen Sie selbst!

KITTENBERGER ERLEBNISGÄRTEN

Laabergstraße 15
3553 Schiltern bei Langenlois (NÖ)
T: +43 (0) 27 34/82 2 80
M: office@kittenberger.at
W: www.kittenberger.at

In den Schaugärten findet sich eine riesige Kräuterspirale: 9 m hoch, 40 m Durchmesser, 400 m Weg. Da haben viele Kräuter Platz, die man ansehen und beschnuppern kann. Schautafeln informieren, welches Kraut gegen welche Krankheit gewachsen ist. Rezeptideen gibt es en passant, z. B. für Wiesen-Labkraut mit Croutons oder für Lavendelkekse. Auch für Einzelbesucher möglich.

ZUCKER, HONIG, SCHOKOLADE, SÜSSWAREN

IMKERMUSEUM IM SCHLOSS PÖGGSTALL

Hauptplatz 1
3650 Pöggstall (NÖ)
T: +43 (0) 664 161 89 44 (IM Herbert Kolm)
M: gemeinde@poeggstall.at
W: www.poeggstall.gv.at/system/web/zusatzseite.aspx?menuonr=223376330&detailonr=223376860

Das Museum ist in vier Räumen des Schlosses untergebracht. Zahlreiche Schaustücke von Wabenkästen über alte Bienenstöcke oder Schautafeln sind dort zu besichtigen. Es wirkt, als wäre die Zeit vor 15 Jahren stehen geblieben, betrachtet man die Beispiele für Honigprodukte im Schaukasten oder die Imkerzeitschriften in der Vitrine für »Fachliteratur«. Alles etwas vergilbt – irgendwie fühlen wir uns zu einem Museumsausflug in unserer Volksschulzeit in den 1970er-Jahren zurückversetzt. »Retro« und teilweise skurril.

DEMEL K. U. K. HOFZUCKERBÄCKER

Kohlmarkt 14
1010 Wien (W)
T: +43 (0) 1 535 17 17-0
M: wien@demel.com
W: www.demel.at

Im Erdgeschoss des Kaffeehauses kann die Produktion der Süßwaren durch eine Glaswand mitverfolgt werden. Im Keller gibt es dann zwei Ausstellungsräume, in denen frühere Zuckerbäckerkunstwerke, Ballspenden für Damen aus 1890 oder alte Produktionshilfsmittel zur Süßwaren- und Eisherstellung aus dem 19. Jahrhundert zu sehen sind. Es wird ein Einblick in die Geschichte der Hofzuckerbäckerei vermittelt.

BONBONMANUFAKTUR SNOEPJES

Herrengasse 6–8
1010 Wien (W)
T: +43 (0) 699 111 51 212
M: info@snoepjes.at
W: www.snoepjes.at

Mitten im Herzen von Wien kann in der Manufaktur zugesehen werden, wie Zuckerln entstehen. Und das ziemlich unkompliziert: einfach vorbeikommen und gleich zuschauen. Die süßen Kreationen werden hier von Hand gemischt, gerührt, geformt, gekocht und geschnitten. Lollis, Lakritze, Seidenzuckerln oder Rock Candys – die Vielfalt ist gewaltig und die Verführung garantiert. Durch den Retrocharakter und die zauberhafte Beschallung kommen bei dem Besuch Gefühle der Kindheit auf. Eine kleine, fabelhafte Welt!

PIRKER LEBKUCHEN

Am Hauptplatz 1 (Eingang Wiener Straße 4)
8630 Mariazell (Stmk)
T: +43 (0) 38 82/24 44
M: mariazell@pirker-lebkuchen.at
W: www.pirker-lebkuchen.at

Gestartet wird mit dem Ausstellungsteil »Alles von der Biene« und einem Glas Met bzw. Vogelbeerschnaps. Es folgt eine kurze Einführung in die Honigbrandproduktion, in einer riesigen Vitrine ist der Nachbau des Mariazeller Hauptplatzes aus Lebkuchen zu sehen und Schautafeln informieren über das Bienenleben und die Honiggewinnung. Alte Lebkuchenmodel sowie Ausstechformen und Infos übers Lebzelten führen weiter zur Bäckerei. In der Wachszieherstube gibt es einen Einblick in die Herstellung von Bienenwachskerzen und schließlich geht's in eine Art kleine Schaubäckerei, wo kurz das Besondere von Pirkers Lebkuchen erklärt wird – die Gewürzmischung, natürlich ein Geheimnis.

SONSTIGES

SAMOWAR-SAMMLUNG IM STEINSCHALERHOF

Warth 20
3203 Rabenstein an der Pielach (NÖ)
T: +43 (0) 27 22/22 81
M: office@steinschaler.at
W: www.steinschaler.at

Ein Kleinod ist die Sammlung zahlreicher Samoware, die der charismatische Hausherr zusammengetragen hat, großteils aus Osteuropa bzw. dem ehemaligen Russland, in dem er beruflich viel unterwegs war. Samoware sind ursprüngliche russische Teemaschinen bzw. Wasserkocher, die oft kunstvoll verziert sind. Genau genommen wird in Samowaren kein servierfertiger Tee zubereitet, sondern mit einer großen Menge Teeblättern und wenig Wasser wird zunächst ein Teekonzentrat – die sogenannte Sawarka – erzeugt. Erst wenn kleine Mengen davon mit kochendem Wasser aus dem Samowar verdünnt werden, wird daraus der trinkbare Tee. Wen es in den Steinschalerhof verschlägt, der sollte sich diese Sammlung jedenfalls ansehen.

VERZEICHNIS NACH BUNDESLÄNDERN

BURGENLAND

NIEDERÖSTERREICH

STEIERMARK

WIEN

** Kurzvorstellung dieser Betriebe im Kapitel »Das gibt's auch noch«*

LITERATURVERZEICHNIS

Bálint G.: Das ungarische Apfelbüchlein. Corvina. Budapest 1990.

Belitz H. D., Grosch W., Schieberle P.: Lehrbuch der Lebensmittelchemie. Springer Verlag. Berlin, Heidelberg 2007.

Bergmann H.: Wasser, das Wunderelement? Wahrheit oder Hokuspokus. Wiley-VCH Verlag GmbH & Co. KGaA, Weinheim 2011.

Bernkopf S.: Von Rosenäpfeln und Landlbirnen. Ein Streifzug durch Österreichs Apfel- und Birnensorten. Trauner Verlag, Linz 2011.

Botta M.: Bier – Genussmittel mit Tradition. Tabula 1/2013.

Bouty I., Gomez M.-L.: Creativity in Haute Cuisine: Strategic Knowledge and Practice in Gourmet Kitchens. Journal of Culinary Science & Technology 11/2013, 1, 80–95.

Brau Union Österreich AG (Hrsg.): Österreichischer Bierkulturbericht 2013. Wien 2013.

Buchart K.: Traditionelle Europäische Heilkunde & alpine Esskultur. VEÖ-success Workshop, 2009.

Bühler T.: Bier-Aroma-Guide. Carl Verlag. Nürnberg 1999.

Bundesinnung der Lebensmittelgewerbe, Bundesverband der Bäcker (Hrsg.), Derndorfer E., Mörixbauer A., Reiselhuber-Schmölzer S.: Brot im Klartext. Die österreichische Brotansprache. Trauner Verlag. Linz 2012.

Bundesministerium für Gesundheit: Österreichisches Lebensmittelbuch IV. Auflage. Codexkapitel B 13 Bier. Wien 1998.

Bundesministerium für Land- und Forstwirtschaft, Umwelt und Wasserwirtschaft: Wasserguide, Wasser kennen, Wasser nützen, Wasser schützen. Wien 2008.

Cech B.: Von Mammutsteak & Garum. Historische Entwicklung des Geschmacks. Vortrag im Rahmen der VEÖ Success-Veranstaltung »Essen mit allen Sinnen – Sensorik in aller Munde«. Wien 2006.

Çoban Ö. E., Özpolat E.: The effects of different concentrations of rosemary (Rosmarinus officinalis) extract on the shelf life of hot-smoked and vacuum-packed Luciobarbus esocinus fillets. Journal of Food Processing and Preservation. doi: 10.1111/j.1745-4549.2011.00645.x.

Darting M.: Das sensorische Weinbild. Geschmack finden in Bildern. Eugen Ulmer KG, Stuttgart 2013.

Derndorfer E.: (Essig-)Sauer macht lustig? Ernährung heute 2/2012.

Derndorfer E.: Brot & Wein. Ernährung heute 3/2013, 18.

Derndorfer E.: Genuss. Über Epikur, Erdmandeln und Experimente beim Essen. Maudrich. Wien 2011.

Derndorfer E.: Sensorische Analyse von Gewürzen. Buchkapitel im Handbuch Aromen und Gewürze, Behr's Verlag. Hamburg 2012.

Derndorfer E., Rall S.: Alles Tomate. Ernährung heute 2/2013, 17–18.

DLG Käse Guide 2011.

Donhauser R. M., Riese J. M.: Die Welt des Wassers. Neuer Umschau Buchverlag GmbH, Neustadt an der Weinstraße 2009.

Durry A., Schiffer T.: Kakao. Speise der Götter. Oekom. München 2012.

Dutli R.: Das Lied vom Honig. Eine Kulturgeschichte der Biene. Wallstein Verlag, 4. Auflage 2013.
Flammer D., Müller S.: Das kulinarische Erbe der Alpen. Die Ernährungsgeschichte des Alpenraums. AT Verlag. Basel 2013.
Frank R.: Honig. Köstlich und gesund. Ulmer Verlag. Stuttgart 2005.
Fromm E.: Die Kunst des Liebens (1956). 60. Auflage, Frankfurt am Main 2003.
Galler W.: Unser täglich Brot. Von Bäckern, Müllern und Bauern im Waldviertel. Edition Winkler-Hermaden. Schleinbach 2013.
Gruber M.: Kartoffelpuffer an der Wand. Ernährung heute 3/2010, 14–15.
Gruber M.: Kulinaristik: von der Idee zum Programm. Ernährung heute 2/2010, 3–4.
Harbutt J. (Hrsg.): World cheese Book. Dorling Kindersley Ltd. London 2009.
Heuft C.: Backofenbau in Bell. Journal Culinaire 15/2012, 26–35.
Hoffmann S.: Die Welt des Kakaos. Neuer Umschau Buchverlag GmbH. Neustadt an der Weinstraße 2008.
Huber R.: Gutes Brot. Genuss und Lebensfreude mit einer einfachen Delikatesse. Dort-Hagenhausen-Verlag, 3. Auflage, München 2010.
Iburg A.: Dumonts kleines Gewürz Lexikon. Herkunft Geschmack Verwendung Rezepte. DuMont Monte Verlag. Köln 2002.
Koelliker B.: Die neue Hallwag Weinschule. Mit 13 Weinproben zum Weinkenner. Hallwag, Gräfe und Unzer Verlag. München 2008.
Koolman J., Moeller H., Röhm K. H. (Hrsg.): Kaffee, Käse, Karies ... Biochemie im Alltag. Wiley-VCH Verlag. Weinheim 2003.
Kraft A.: Kaffee in Zahlen. Genussmagazin 1/2014, 48–51.
Kraft A.: Krönender Genuss. Genuss.extra Käse Kaiser 2014.
Leonhard C.: Brotreligionen. Journal Culinaire 15/2012, 8–12.
Malle B., Schmickl H.: Essig herstellen als Hobby. Verlag die Werkstatt, Göttingen, 2010.
Masniyom P., Benjama O., Maneesri J.: Effect of turmeric and lemongrass essential oils and their mixture on quality changes of refrigerated green mussel (Perna viridis). International Journal of Food Science & Technology 47/2012, 1079–1085.
McFadden C., Frange C.: Schokolade. Der zarte Genuß. Bechtermünz Verlag. Augsburg 1997.
Moosbeckhofer R., Ulz J.: Der erfolgreiche Imker. Leopold Stocker Verlag. Graz 2012.
Mörixbauer A., Groll M.: Die 50 größten Diät-Lügen. Krenn Verlag. Wien 2013.
Mörixbauer A.: Wiederentdeckt: Safran aus Österreich. Ernährung heute 4/2013, 18.
Müller M., Maier R.: Gewürzkräuter und die Bioverfügbarkeit von Antioxidantien. Journal Culinaire 12/2011, 47–50.
Niederösterreichische Gebietskrankenkasse (NÖGKK): Therapie-Tipps Nr. 30, Sept. 2004.
NN: Wein als Naturprodukt – »Bio« oder »Natural«. Beilage zu wein.pur 1/2014, 2–6.
Oehlenschläger J.: Spezielle Sensorik bei Fisch & Fischerzeugnissen. DLG-Arbeitsblätter Sensorik 2/2012.
Österreichisches Lebensmittelbuch, Codexkapitel B17, Abgefüllte Wässer, Stand März 2011.
Österreichisches Rotes Kreuz. Kräuter und Heilpflanzen. Gesund bleiben und genießen – mit den Schätzen der Natur. 2013.

Pharmig (Hrsg.): Kleines Wörterbuch der Pflanzenmedizin. 2. Auflage, Wien 2001.
Reinthaler D., Sommer E.: Obstler. Aus: www.lebensministerium.at: »Mehr zum Obstler« (Zugriff: 4.1.2014)
Rützler H.: Foodreport 2014. Zukunftsinstitut GmbH. Frankfurt 2013.
Schallaburg Kulturbetriebsges.m.b.H, Etzlstorfer H., Pfaffenbichler M., Rapp C., Regner F.: Katalog zur Niederösterreichischen Landesausstellung »Brot & Wein«, 27. April bis 3. November 2013, Schallaburg 2013.
Schuhmacher K., Forsthofer L., Rizzi S., Teubner C.: Das große Buch der Schokolade. Warenkunde, Patisserie, Confiserie, Desserts und Getränke. Teubner Edition bei Gräfe und Unzer. Füssen 1996.
Shan B., Cai Y.-Z., Brooks J. D., Corke H.: Antibacterial and antioxidant effects of five spice and herb extracts as natural preservatives of raw pork. Journal of the Science of Food and Agriculture 89/2009, 1879–1885.
Simon J.: Der passende Wein zum Essen. Komet Verlag. Frechen 1997.
Somoza V.: Abgrenzung von Farbstoffen; Vortrag bei der Veranstaltung »f.eh im Dialog: E-Nummern – Zugesetzt oder Abgesetzt?« am 13.11.2013.
Stekovics E., Kospach J., Angerer P.: Atlas der erlesenen Paradeiser. Löwenzahn Verlag. Innsbruck 2011.
Steurer R.: Weinhandbuch. Verlag Ueberreuter. Wien 2003.
Stiebing A. et al.: Sensorische Analyse – Sensorik von Frischfleisch. DLG-Arbeitsblätter Sensorik 5/2011.
Stoll H.: Wein-Gut Österreich: Winzer-Weine – DACs. Trauner Verlag. Linz 2013.
Stummerer S., Habelsreiter M.: Food Design: Von der Funktion zum Genuss – From Function to Feast. Springer Verlag. Wien 2007.
von Paczensky G., Dünnebier A.: Kulturgeschichte des Essens und Trinkens. Orbis Verlag. München 1999.
Waltmann G., Sieck A.: Lexikon vom Käse. Komet Verlag. Köln o. J.
Wassermann L.: Brotgewürz. Journal Culinaire 15/2012, 94–96.
Wechselberger J., Hierl T.: Das Kaffeebuch für Anfänger, Profis und Freaks. Braumüller. 3. Auflage, Wien 2012.
Zuffi S. (Hrsg.): Der gedeckte Tisch. Esskultur in der Kunst. Bildlexikon der Kunst, Bd. 16. Parthas Verlag. Berlin 2007.

INTERNET

http://de.wikipedia.org/
http://derstandard.at/1350258528123/Peter-Kubelka-Witzigmann-Preistraeger-Essen-ist-Ausdruck-von-Macht (5.1.2014)
http://derstandard.at/1381368177521/Spar-verkauft-Grander-Wasser-um-1210-Euro (28.12.2013)
http://www.apitherapie.at/apitherapie.html (15.12.2013)
http://www.artikelmagazin.com/verschiedenes/die-geschichte-des-essigs (4.1.2014)
http://www.bsi-bonn.de/lexikon/historie (4.1.2014)

http://www.das-bier.net/ (4.1.2014)
http://www.feuerflecken.at/ (22.12.2013)
http://www.forellenzuchtverband.at/index.php?id=4 (4.1.2014)
http://www.forum-mineralwasser.at/natuerliches_mineralwasser.html(28.12.2013)
http://www.grimmstories.com/de/grimm_maerchen/der_susse_brei (22.12.2013)
http://www.imkerbund.at (15.12.2013)
http://www.kaffeeverband.de/ (25.11.2013)
http://www.kirchenweb.at/kochrezepte/spaghetti/nudelteig/strozzapreti_priesterwuerger.htm (22.12.2013)
http://www.kulinaria.org/index-kulinaria.html/verbraucherinformationen/essig/geschichte-des-essigs (4.1.2014)
http://www.lebensministerium.at
http://www.lebensministerium.at/lebensmittel/trad-lebensmittel/getraenke.html (4.1.2014)
http://www.lebensmittelbuch.at/trinkwasser/(28.12.2013)
http://www.most-wiki.at/index.php?title=4_Geschmacksrichtungen_von_Most (4.1.2014)
http://www.mostakademie.de/mostgedichte.html (4.1.2014)
http://www.nbbmuseum.be/de/2013/03/kakao.htm (5.1.2014).
http://www.ooegeschichte.at/datenbanken/alltagsdinge/most/ (4.1.2014)
http://www.phytotherapie.at/ (28.12.2013)
http://www.planet-wissen.de/alltag_gesundheit/trinken/hochprozentiges/index.jsp (4.1.2014)
http://www.ruebenbauern.at/zuckerruebenanbau/#O234 (15.12.2013)
http://www.schokomuseum.at/de/wissenswertes/geschichte
http://www.statistik.at/web_de/statistiken/land_und_forstwirtschaft/preise_bilanzen/versorgungsbilanzen/ (15.12.2013)
http://www.steirisches-kuerbiskernoel.eu/ (4.1.2014)
http://www.suesswaren.net/allgemein/bonbons-woher-kommen-sie.html
http://www.t-online.de/ratgeber/heim-garten/garten/id_65910240/der-apfel-herkunft-und-geschichte.html (17.12.2013).
http://www.tu-chemnitz.de/phil/leo/rahmen.php?seite=r_kult/roemhild_apfel.php (18.12.2013)
http://www.unesco.de/immaterielles-kulturerbe.html (30.10.2013)
http://www.was-wir-essen.de/zubereitung/haltbarmachen_haltbarmachen_einlegen.php (4.1.2014)
http://www.weinmarketing.at
http://www.wiener-kaffeehaus.at/aktuelles.aspx (25.11.2013)
http://www.wissen.de/schnaps-herstellung-und-geschichte (4.1.2014)
http://www.zeit.de/lebensart/essen-trinken/2010-11/frankreich-kueche-weltkulturerbe (30.10.2013)
https://www.kaesewelten.at/alles-ueber-kaese/kaesegeschichte.html (31.12.2013)
Verband der Brauereien Österreichs: Bierfächer. Internet: http://www.bierserver.at/cms/content/view/112/ (4.1.2014)

BILDNACHWEIS

© fotolia.com: Printemps (S. 2), Markus Mainka (S. 4, Hintergrundbild S. 28-35, S. 41), cut (S.15, S. 17), robert (Hintergrundbild S. 18-23), Hyrma (S. 25, S. 27), Barbara Pheby (S. 37, S. 81), stockphoto-graf (S. 39, S. 40), hjschneider (S. 42 u.), Taffi (S. 44 r.), inacio pires (S. 45), EcoPim-studio (Hintergrundbild S. 68-77), SunnyS (S. 89, S. 91, Hintergrundbild S. 92-103), sassyphotos (S. 100 u.), unpict (S. 103), Fabio Lotti (S. 106, Hintergrundbild S. 108-117), karandaev (S. 121, Hintergrundbild 122-127), rainbow33 (S. 128, S. 131, Hintergrundbild S.132-135), Andreas Gayer (S. 137, S. 139, Hintergrundbild S. 140-147, S. 144 o., S. 145), Maceo (s. 169), Spofi (S. 175, Hintergrundbild S. 176-187), donatas1205 (Hintergrundbild S. 184-187).

© photocase.de: Zabalotta (Hintergrundbild S. 42-63), revanche (Hintergrundbild S. 82-87), Francesca Schellhaas (S. 143), AndreasF. (S. 148, S. 151), jokebird (S. 150, Hintergrundbild S. 152-155), Rina H. (S. 157, Hintergrundbild S. 160-171), Gortincoiel (S. 159, S. 168), chris-up (S. 162), Schiffner (164 o.), Femme Curieuse (S. 176).

© AGRANA (S. 160)/Klaus Vyhnalek (S. 161)
© Agrarmarkt Austria GmbH, AMA Biozeichen/Schweinester (S. 115)
© Andreas Baierl (S. 34/35)
© BWM Architekten (S. 184)
© derMann/Ernst Kainerstorfer (S. 110/111
© Essigzentrum Fischerauer/Robert Frankl (S. 84/85)
© haubi's (S. 112/113 o.)
© Kaffeemuseum (S. 180/181)
© Kattus (S. 46/47)
© Ursula Kothgasser (S. 60 o., S. 61 o., S. 63)
© Loisium/Robert Herbst (S. 48 o.)
© Marktamt MA 59 (S. 186)
© Manufaktur Gölles (S. 86/87)
© Morguefile/die raecherin: (S. 68 o.), bigal101 (S. 182 o.)
© Mostbirnhaus (S. 42 o.)
© Ottakringer (S. 32, S. 33)
© Schirnhofer/Bernhard Bergmann (S. 124/125)
© Schlumberger/Leo Hagen S. 52
© Schokoladen Manufaktur Felber (S. 166 o., S. 167)/Bernhard Bergmann (166 u.)
© Sonnentor/Gerald Lechner (S. 152/153)
© Tourismusverband Sulmtal Sausal – Südsteirisches Weinland (S. 60 u.)
© Vöslauer (S. 20, S. 21)
© Vulcano/René van Bakel (S. 127 o.)/Bernhard Bergmann (S. 126 u, S. 127)
© weinfranz.at (S. 43, S. 114 u.)
© Whisky Erlebniswelt (S. 77)/Karoline Grill (S. 76 o.)/Stefan Klemenjak (S. 76 u.)
© Zimmermanns Teigwaren (S. 116 o., S. 117 u.)
© Zotter (S. 170 u., S. 171)/Robert Leitner (S. 170 o.)

Alle übrigen Fotos: Eva Derndorfer, Angela Mörixbauer, Marlies Gruber

re kostenlose Eintrittskarte zu über 120 Ausflugszielen.
ereits ab der 1. Nächtigung!

erhalten die GenussCard bei einem der GenussCard-Gastgeber im Thermenland
iermark und der Oststeiermark. Alle Betriebe finden Sie auf **www.genusscard.at**

Zu Fuß und per Mountainbike oder E-Bike durch die schönsten Gegenden des steirischen Weinlandes: Bernhard Kaps präsentiert 52 Touren – von gemütlich bis sportlich – in allen Weinbauregionen, von der Ost- und Südoststeiermark hin zur Süd- und Weststeiermark. Reizvoll ist auch das „grenzenlose" Wandern und Radeln in die Štajerska (Untersteiermark). Und: Alle Wege führen zu den vielfältigen Genüssen der Buschenschänken, die das Land so reichlich zu bieten hat.

Bernhard Kaps
WEGE ZUM WEIN
Wandern und radeln
im steirischen Weinland
192 Seiten; 11,5 x 20,5 cm
Franz. Broschur
€ 19,99, ISBN 978-3-7012-0156-3

styria regional

ecken Sie auf den REZEP**TOUREN** die köstlichsten Seiten der narikregion Thermenland Steiermark. Jede der drei Feinkost-en führt Sie zu einzigartigen Spezialitätenherstellern rund um Waltersdorf, die Riegersburg und Bad Radkersburg. Der Hit Kochbegeisterte: Bei den REZEP**TOUREN**-Partnern erhalten nicht nur regionale Spezialitäten, sondern auch leicht nachzu-ende Rezeptvorschläge für Ihre Rezept-Sammelmappe.

hermenland
STEIERMARK

www.thermenland.at

ISBN 978-3-85431-655-8

Wien – Graz – Klagenfurt
© 2014 by Pichler Verlag in der
Verlagsgruppe Styria GmbH und Co KG
Alle Rechte vorbehalten

Bücher aus der Verlagsgruppe Styria gibt es
in jeder Buchhandlung und im Online-Shop

styriabooks.at

Buchgestaltung: Ursula Kothgasser, www.koco.at
Covergestaltung: Maria Schuster
Coverfotos: Vorderseite oben: Karl Thomas/allOver/picturedesk.com;
Vorderseite unten: Derndorfer/Mörixbauer/Gruber, Jindrich Foltin/WB, fotolia/Printemps (v.l.n.r.);
Rückseite: fotolia/sassyphotos, Derndorfer/Mörixbauer/Gruber, Zotter/Robert Leitner (v.l.n.r.).

Druck und Bindung:
Druckerei Theiss GmbH, St. Stefan im Lavanttal
7 6 5 4 3 2 1
Printed in Austria